Jürgen Plogmann

Eifelsteig

Von Aachen nach Trier

15 Etappen durch das vielgestaltigste deutsche Mittelgebirge

ROTHER
BERGVERLAG

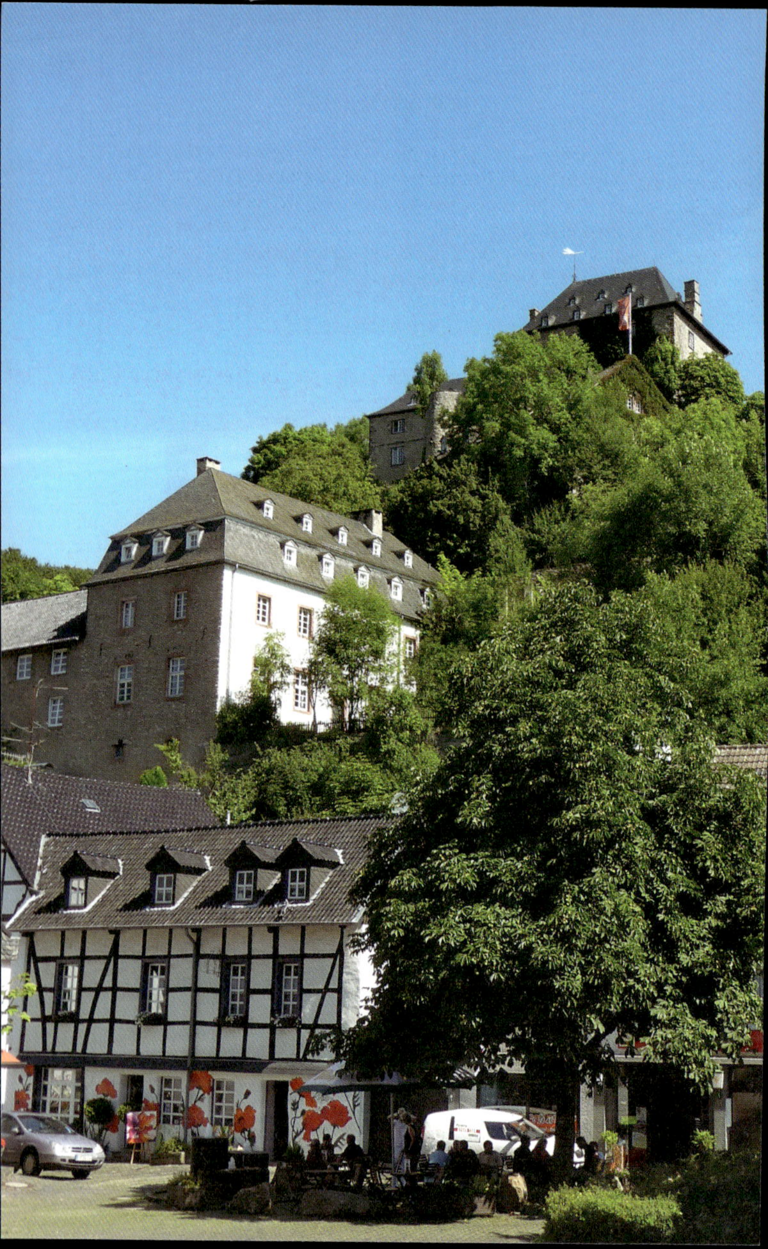

Vorwort

Der vorliegende Wanderführer beschreibt den 15 Etappen und 313 km langen Eifelsteig, der 2013 zum Premiumweg erhoben und 2015 zu »Deutschlands Schönstem Wanderweg« gekürt wurde. Der Eifelsteig verbindet zwei der historisch bedeutsamsten Städte Deutschlands mit ihren Monumenten der Zeitgeschichte: Aachen, die Stadt Karls des Großen – von der ehemaligen Benediktinerabtei Kornelimünster ausgehend –, mit Trier, der ältesten Stadt Deutschlands. Dabei durchquert der Eifelsteig unter dem Motto »Wo Wasser und Fels dich begleiten« eine Mittelgebirgslandschaft, die in ihrer Vielfalt ihresgleichen sucht.

Der Eifelsteig leitet Wanderer auf Panoramawegen und schmalen Pfaden durch Wälder, Wiesen und Felder, durch Hochmoore und über Heiden, auf felsige Höhen und in liebliche wie auch felsig-schroffe Bachtäler. Sie erleben die eifeltypischen vulkanischen Maare, Stauseen und Wasserfälle, Felsklippen aus verschiedenen Erdzeitaltern, Höhlen und antike Bergwerke – und dies alles wohltuend ohne Industrie und Verstädterung. Mittelalterliche Städtchen voller Charme sowie Burgen und Klöster sorgen für Abwechselung und bieten Wanderern angenehmen Aufenthalt. Am Abend kann man das Erlebte bei typischen Gerichten und Getränken aus der Eifel entspannt Revue passieren lassen.

Die präzisen Wegbeschreibungen mit Gehzeiten sowie die detaillierten Karten und aussagekräftigen Höhenprofile dieses Führers geben Wanderern Sicherheit. Ausführliche und übersichtlich dargebotene Informationen zu Verkehrsverbindungen, Einkehr- und Übernachtungsmöglichkeiten, Sehenswürdigkeiten und besondere Tipps erleichtern es, die einmalige mitteleuropäische Mittelgebirgslandschaft der Eifel genussreich zu Fuß zu erleben.

Trotz aller Sorgfalt sind Fehler leider nie auszuschließen. Auch können Veränderungen der in dieser Ausgabe beschriebenen Wege, der Infrastruktur usw. eintreten. Der Autor ist deshalb über jeden an den Verlag gerichteten Hinweis darauf dankbar.

Neustadt an der Weinstraße, Frühjahr 2022 — Dr. Jürgen Plogmann

Inhaltsverzeichnis

Folgen des Hochwassers vom Juli 2021

Viele der Zerstörungen des Hochwassers vom Juli 2021 konnten am Eifelsteig bereits beseitigt werden. Stand Frühjahr 2022 bestehen folgende Einschränkungen:

- 1. Etappe: Bei Hahn wird im Frühjahr 2022 eine kleinräumige Umleitung eingerichtet, die Brücke voraussichtlich 2023 erneuert. – Eine kleine Umleitung bei Rott wird durch Neubau der Brücke 2022 wieder entbehrlich.
- 14. Etappe: Fehlende Kyllbrücke bei Deimlinger Mühle: Dauer noch unbekannt. Tipp: Gehweg 1,3 km flussaufwärts entlang der L 43 bis Bahnhaltepunkt Daufenbach und mit Zug nach Kordel oder Trier.
- 15. Etappe: Umleitung Bahnhof Kordel entlang der K 28 bis Burg Ramstein wird evtl. bereits im Frühjahr 2022 aufgehoben. – Dauer der Sperrung des Butzerbachtals noch unbekannt.

Aktuelle Informationen über Sperrungen und Umleitungen, auch kurzzeitige z. B. durch Forstarbeiten, unter www.eifelsteig.de/aktuelles/umleitungen bei den einzelnen Etappen.

Die Bahn-Eifelstrecke Euskirchen–Gerolstein–Trier wird voraussichtlich erst ab Sommer 2023 ohne Unterbrechungen befahrbar sein. Schienenersatzverkehre, teilweise Schnellbuslinien, sind eingerichtet.

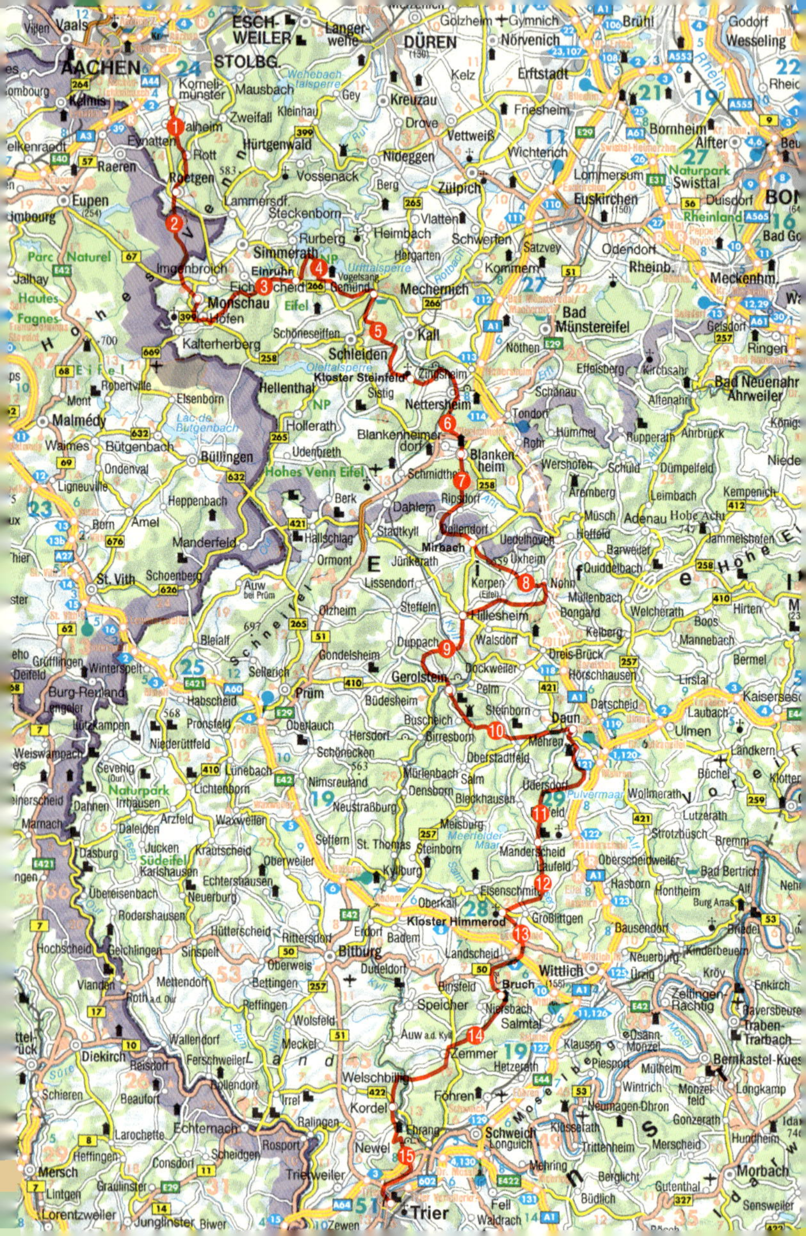

AACHEN
ESCH-WEILER
STOLBG.
DÜREN
Vaals
Kornelimünster
Mausbach
Kreuzau
Nörvenich
Erftstadt
Brühl
Wesseling
Kelmis
Eupen
Raeren
Walheim
Eynatten
Rott
Zweifall
Hürtgenwald
Vossenack
Nideggen
Zülpich
Vettweiß
Wichterich
Friesheim
Euskirchen
Lommersum
Bornheim
Alfter
Swisttal
Naturpark Rheinland
Roetgen
Lammersdf.
Steckenborn
Rurberg
Heimbach
Vlatten
Schwerfen
Satzvey
Odendorf
Rheinb.
Meckenheim
Simmerath
Einruhr
Imgenbroich
Eicherscheid
Monschau
Höfen
Gemünd
Mechernich
Kommern
Urfttalsperre
Hergarten
Bad Münstereifel
Kalterherberg
Schöneseiffen
Schleiden
Kall
Nöthen
Effelsberg
Bad Neuenahr Ahrweiler
Hohes Venn
Parc Naturel
Eifel
Hellenthal
Kloster Steinfeld
Sistig
Zingsheim
Nettersheim
Tondorf
Robertville
Elsenborn
Malmédy
Waimes
Bütgenbach
Büllingen
Hollerath
Udenbreth
Blankenheimerdorf
Blankenheim
Schmidtheim
Hohes Venn Eifel
Rohr
Hümmel
Wershofen
Schuld
Ahrbrück
Dümpelfeld
Heppenbach
Amel
Born
Manderfeld
Hallschlag
Berk
Dahlem
Ripsdorf
Stadtkyll
Jünkerath
Mirbach
Dollendorf
Uedelhoven
Üxheim
Aremberg
Adenau
Hohe Acht
Ormont
Lissendorf
Kerpen (Eifel)
Nohn
Müllenbach
Bongard
Quiddelbach
St. Vith
Schoenberg
Auw bei Prüm
Steffeln
Hillesheim
Walsdorf
Kelberg
Dreis-Brück
Hörschhausen
Bleialf
Schneifel
Olzheim
Gondelsheim
Duppach
Gerolstein
Pelm
Dockweiler
Daun
Winterspelt
Burg-Reuland
Habscheid
Sellerich
Prüm
Büdesheim
Steinborn
Lirstal
Ulmen
Kaisersesch
Pronsfeld
Oberlauch
Hersdorf
Birresborn
Buscheich
Mehren
Oberstadtfeld
Lünebach
Schönecken
Nimsreuland
Mürlenbach
Densborn
Salm
Üdersdorf
Pulvermaar
Bleckhausen
Lichtenborn
Irrhausen
Dasburg
Arzfeld
Waxweiler
Neustraßburg
Meisburg
Meerfelder Maar
Manderscheid
Laufeld
Eisenschmitt
Hasborn
Seffern
St. Thomas
Steinborn
Krautscheid
Oberweiler
Kyllburg
Südeifel
Karlshausen
Echtershausen
Neuerburg
Oberkail
Kloster Himmerod
Großlittgen
Bausendorf
Hütterscheid
Rittersdorf
Erdorf
Badem
Bitburg
Landscheid
Wittlich
Ürzig
Kinderbeuern
Hochscheid
Vianden
Mettendorf
Oberweis
Bettingen
Dudeldorf
Binsfeld
Bruch
Speicher
Niersbach
Salmtal
Zeltingen-Rachtig
Traben-Trarbach
Diekirch
Wallendorf
Ferschweiler
Wolsfeld
Meckel
Auw a.d. Kyll
Zemmer
Hetzerath
Klausen
Piesport
Bernkastel-Kues
Bollendorf
Beaufort
Echternach
Irrel
Welschbillig
Kordel
Föhren
Neumagen-Dhron
Ehrang
Schweich
Longuich
Mehring
Trittenheim
Rosport
Ralingen
Newel
Mersch
Trierweiler
Trier
Fell
Waldrach
Büdlich
Morbach
Longkamp
Mosel

Zum Wanderführer

Einige Etappen des Eifelsteigs sind aufgrund der dünnen Besiedlung der Eifel recht lang. Um darauf vorzubereiten, ist bereits im Inhaltsverzeichnis der **Zeitaufwand** jeder Etappe angegeben, wobei eine durchschnittliche Stundenleistung von 4 Kilometern je Stunde in ebenem Gelände auf guten Wegen unterstellt wird. Für Steigungen, schmale, ggf. felsige Pfade und raue Wege werden geringere, für Gefällstrecken höhere Stundenleistungen angesetzt. Das sind reine Gehzeiten! Es sollte nicht vergessen werden, individuelle Pausen verschiedener Art, Picknick, Einkehren, Besichtigungen und Schauen zu addieren.
Weitere wichtige Kriterien, wie z. B. die zu bewältigenden Höhenmeter sind den **Infoblöcken** der einzelnen Etappen zu entnehmen. Sehenswürdigkeiten u. a., die für den Zeitaufwand relevant sein können, sind in der Rubrik »Tipps« der Infoblöcke aufgeführt. Erläuterungen zu den wichtigen **Sehens-**

Symbole und Abkürzungen

Symbole

🚌	Bus-Haltepunkt	⛩	Picknickplatz
🚆	Bahn-Haltepunkt	)(	Brücke, Steg
P	eingerichteter Parkplatz	⛪ †	Kirche, Kapelle, Kloster / Kreuz
	Ort mit Einkehrmöglichkeit		Aussichtsturm
	bewirtschaftete Hütte, Gasthaus		Aussichtsplatz
🛏	Übernachtungsmöglichkeit	∩	Höhle
⛺	Campingplatz		Wasserfall
	Schutzhütte, Unterstand	↰ ↱	Abzweig

Abkürzungen

Verkehr

A 1	Autobahn mit Nummer
AS 4	Autobahnanschluss mit Nummer
B 51	Bundesstraße mit Nummer
L 203	Landesstraße mit Nummer
K 21	Kreisstraße mit Nummer
Bf./Hbf.	Bahnhof/Hauptbahnhof
IC/ICE	Intercity/Intercityexpress
RB/RE	Regionalbahn/-express
SB	Schnellbus
ÖPNV	Öffentl. Personennahverkehr

Unterkunft

HR	Hotel-Restaurant
Hg	Hotel garni
GR	Gasthof-Restaurant
Gg	Gasthof garni
P	Pension
JH	Jugendherberge
Kat. I, II, III, IV	Preiskategorie (siehe »Einkehren und Übernachten«)

Sonstiges

WW	Wegweiser

GPS-Tracks und Koordinaten der Ausgangspunkte

Zu diesem Wanderführer stehen auf www.rother.de GPS-Tracks und Koordinaten der Ausgangspunkte zum kostenlosen Download bereit.
5. Auflage, Passwort: **406505ext**
Sämtliche GPS-Daten wurden der offiziellen Internetseite des Eifelsteigs der Eifel Tourismus GmbH entnommen, sie stehen auch dort zum kostenlosen Download zur Verfügung. Verlag und Autor haben die Tracks und Wegpunkte nach bestem Wissen und Gewissen überprüft. Dennoch können wir Fehler oder Abweichungen nicht ausschließen, außerdem können sich die Gegebenheiten vor Ort zwischenzeitlich verändert haben. GPS-Daten sind zwar eine hervorragende Planungs- und Navigationshilfe, erfordern aber nach wie vor sorgfältige Vorbereitung, eigene Orientierungsfähigkeit sowie Sachverstand in der Beurteilung der jeweiligen (Gelände-) Situation. Man sollte sich für die Orientierung auch niemals ausschließlich auf GPS-Gerät und -Daten verlassen.

Wanderer am Eifelsteig.

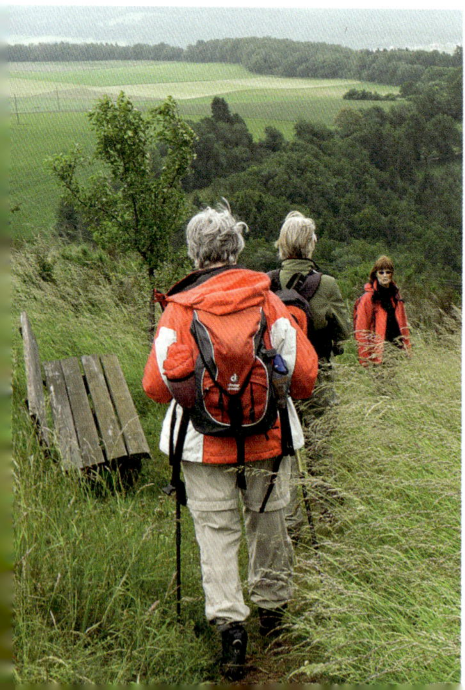

würdigkeiten sind im Text gelb unterlegt oder in ein gesondertes Porträt gefasst. Je nach individuellen Vorlieben kann jeder Wanderer damit vor Beginn der Wanderung den Gesamtzeitaufwand einer Tour ungefähr abschätzen.

Ein Hinweis zu den in den Infoblöcken aufgeführten **Einkehrmöglichkeiten**: gibt es an einem Ort mehrere Gaststätten, wird nur der Ort erwähnt. Ansonsten ist der Name mit Öffnungszeiten und Telefonnummer angegeben. Bei einsam liegenden gastronomischen Betrieben wird empfohlen, sich die Öffnung vor Beginn der Wanderung telefonisch bestätigen zu lassen, denn es gibt viele Gründe, von der Regelöffnungszeit einmal abzuweichen.

Touristische Hinweise

Eifelsteig

Der Eifelsteig führt unter dem Motto »Wo Wasser und Fels dich begleiten« in 15 Etappen und über eine Distanz von 313 km von Norden nach Süden durch die Eifel, von Aachen-Kornelimünster bis nach Trier. Damit verbindet der Steig zwei der historisch bedeutsamsten Städte Deutschlands: Aachen, die Stadt Karls des Großen, mit Trier, der ältesten Stadt Deutschlands. Der Steig ist seit dem Jahr 2009 durchgehend markiert und trägt seit 2013 das Prädikat »Premiumwanderweg«. Er zählt zu den »Top Trails of Germany«, das heißt, er erfüllt besondere qualitative Anforderungen an die Schönheit der Landschaft, einschließlich der kulturhistorischen Sehenswürdigkeiten, an die Trassenführung, die Wegebeläge, die Beschilderung und die Infrastruktur und garantiert dem Wanderer somit einen hohen Erlebniswert. 2015 wurde der Eifelsteig zu »Deutschlands Schönstem Wanderweg« gewählt.

Wanderlandschaft Eifel

Die Eifel ist eine Mittelgebirgslandschaft, die in ihrer Vielfalt ihresgleichen sucht, und ein Dorado für Wanderer. Sie ist Teil des Rheinischen Schiefergebirges, aber auch Kalk- und Buntsandsteinformationen prägen weite Teile der Eifel; mit dem Hohen Venn beteiligt sich auch ein ausgedehntes Hochmoor an der Landschaftsgestaltung. Die Südeifel ist durch Vulkanismus überformt. Das eigentlich wellige und kuppige Gebirge wird durch zahlreiche Flüsse und Bäche durchschnitten und erhält so eine höhere Reliefenergie. Im unteren Ahrtal ist sogar Weinbau möglich. Die Nordeifel ist gekennzeichnet durch große Stauseen als belebendes Landschaftselement und die Maare der Vulkaneifel sind einmalig in Europa.
Schließlich machen die dünne Besiedlung, die fehlende Industrie und Verstädterung einerseits sowie viel Natur und die verbreitete Bewaldung andererseits die Eifel zu einem Wanderland par excellence. So wundert es nicht, dass die Eifel von einem dichten Netz von Fern-, Weit-, Rund- und Themenwanderwegen überzogen ist, die ganz überwiegend vom Eifelverein geschaffen wurden und betreut werden. Im Naturpark Nordeifel sind an besonders schönen Aussichtspunkten »Eifel-Blicke« eingerichtet. Der Eifel-Sitz hat die Form eines liegenden »E« und Panoramatafeln erläutern die Landschaft (www.eifel-blicke.de).
Die Initiatoren und Planer des Eifelsteigs waren bemüht, den Eifelsteig-Wanderer an möglichst vielen Reizen der Eifel teilhaben zu lassen. Der Eifelsteig leitet den Wanderer nicht nur durch Wälder, Wiesen und Felder, sondern auf Panoramawegen und schmalen Pfaden auch durch Hochmoore und Heiden,

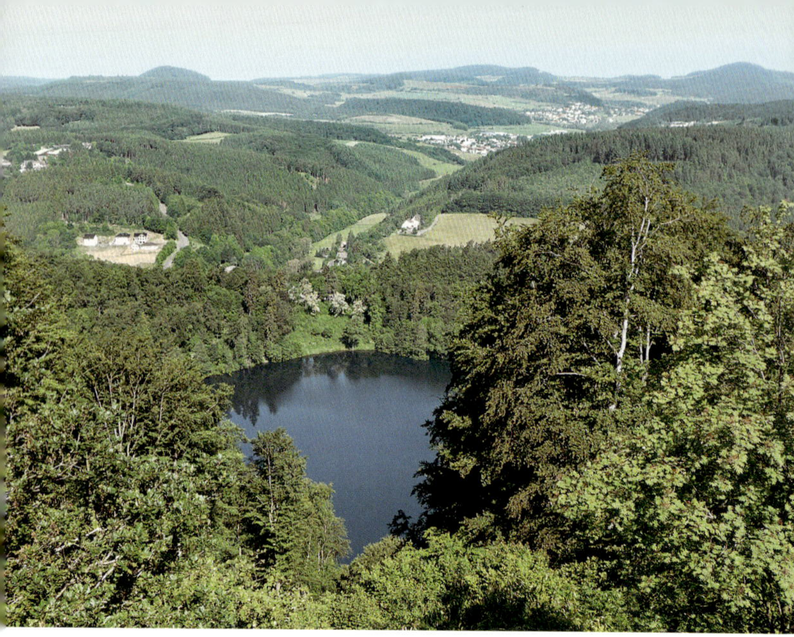

Gemündener Maar.

auf felsige Höhen und in liebliche wie auch felsig-schroffe Bachtäler. Der Wanderer erlebt die eifeltypischen vulkanischen Maare, Stauseen und Wasserfälle, Felsklippen aus verschiedenen Erdzeitaltern, Höhlen und antike Bergwerke und die einmaligen Dorflandschaften des Monschauer Heckenlandes.

Der Eifelsteig bietet aber nicht nur sehr viel Natur, sondern durchzieht auch ein Kulturland mit einer reichen Geschichte. Diese wird sichtbar in mittelalterlichen Städtchen voller Charme, Burgen und Burgruinen, Klosterbauten und Kirchen, wie z. B. in Kornelimünster, Steinfeld und Himmerod, den ingenieurtechnischen Meisterleistungen der römischen Wasserleitung aus der Eifel nach Köln und dem mittelalterlichen Tiergartentunnel in Blankenheim und vielem mehr. Am Abend kann der Wanderer das Erlebte bei typischen Gerichten und Getränken aus der Eifel entspannt Revue passieren lassen.

Beste Wanderzeit

In der Eifel herrscht feucht-mildes Atlantikklima. Als westlichstes Gebirge ist die Eifel allerdings auch den überwiegend aus Westen kommenden Westwinden ausgesetzt. Im Hochsommer in der Eifel zu wandern ist zweifellos

reizvoll. Die Temperaturen sind angenehm, es ist aufgrund der Höhenlage selten zu heiß und in den Wäldern angenehm. Seen, Flüsse und Bäche sind erträglich temperiert und bieten bei Bedarf Abkühlung. Im Frühling und Frühsommer zeigen sich das erwachende Leben, insbesondere der Vogelwelt, das helle, frische Grün der Bäume und blühende Wiesen. Zudem glänzt die Eifel im Frühling mit dem auch »Eifelgold« genannten blühenden Ginster und Wiesen voller wilder Narzissen.
Im Herbst reizen die Laubfärbung und der Geruch des gefallenen Laubes auf das angenehmste die Sinne und Nebel können eine geheimnisvolle Stimmung erzeugen. Wenn sich im Winter Schnee und Eis durchsetzen, verwandelt sich die Eifel in eine besonders zauberhafte Landschaft.

Gehrichtung

Dieser Führer beschreibt den Eifelsteig von Norden nach Süden, von Aachen-Kornelimünster nach Trier. Der Wanderer folgt damit der Richtung der Pilgerrouten. Der Eifelsteig ist aber auch in der Gegenrichtung markiert und man kann ihn dementsprechend auch von Süden nach Norden erwandern.

Eifel-Blicke, die typische Möblierung der Aussichtspunkte.

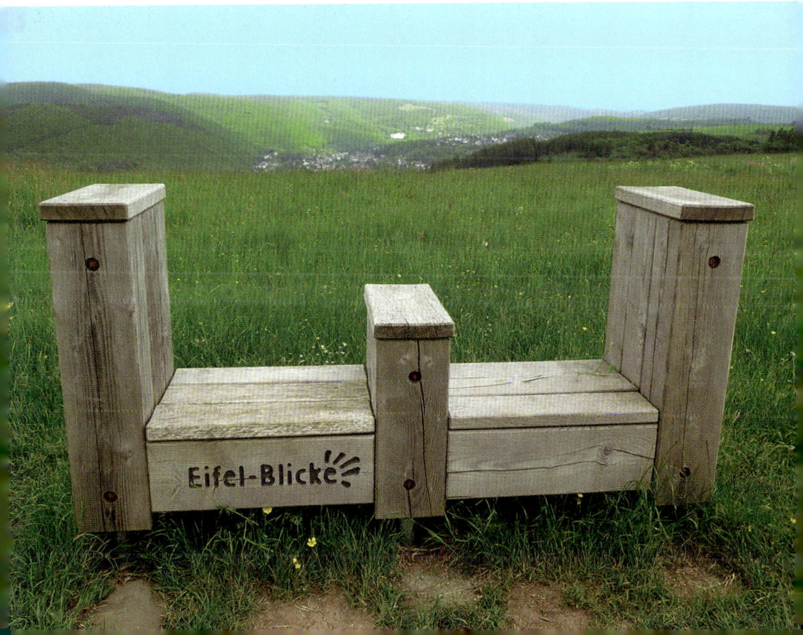

Der Umwelt zuliebe ...

Auch beim Wandern hinterlassen wir einen ökologischen Fußabdruck, aber im Einklang mit der Natur unterwegs zu sein, ist gar nicht so schwer!

VORBEREITUNG UND ANFAHRT

- Sich vorab informieren, worauf in Bezug auf Natur und Umwelt in der jeweiligen Wanderregion besonders zu achten ist.
- Soweit möglich mit Bahn und Bus anreisen, Wander- und Rufbusse nutzen.
- Ist eine Anfahrt mit dem Auto nötig, Fahrgemeinschaften bilden.
- Bei weiten Anfahrten Mehrtagestouren planen oder von einem Quartier vor Ort aus mehrere Touren absolvieren.
- Flugreisen möglichst reduzieren und durch Beiträge zu Klimaschutzprojekten kompensieren.

KLEIDUNG UND AUSRÜSTUNG

- Beim Kauf von Outdoor-Kleidung auf umweltfreundliche und faire Herstellung achten und Kleidungsstücke möglichst viele Jahre nutzen.
- Ausrüstung kann man eventuell auch gebraucht kaufen oder ausleihen.
- Reparieren statt neu kaufen.

VERPFLEGUNG

- Beim Einkauf Bio-Ware, regionale und saisonale Erzeugnisse bevorzugen.
- Hütten und Gasthäuser auswählen, die regionale Produkte verwenden.
- Auf Einwegflaschen und Plastikverpackungen verzichten, stattdessen wiederverwendbare Trinkflaschen und Brotzeitboxen benutzen.

ÜBERNACHTUNG

- Bei lokalen Anbietern buchen, damit Menschen vor Ort profitieren.
- Auf Hütten und in anderen Unterkünften Strom und Wasser sparen.

UNTERWEGS

- Wege benutzen und Abkürzer vermeiden.
- Sperrungen von Wegen und Schutzgebieten respektieren.
- Keine Blumen pflücken und keine Pflanzen entnehmen.
- Waldbrandgefahr beachten.
- Müll wieder mit nach Hause nehmen und dort entsorgen.
- Toilettengänge in freier Natur möglichst vermeiden.
- Lärm vermeiden.
- Hunde an die Leine nehmen.

ROTHER
BERGVERLAG

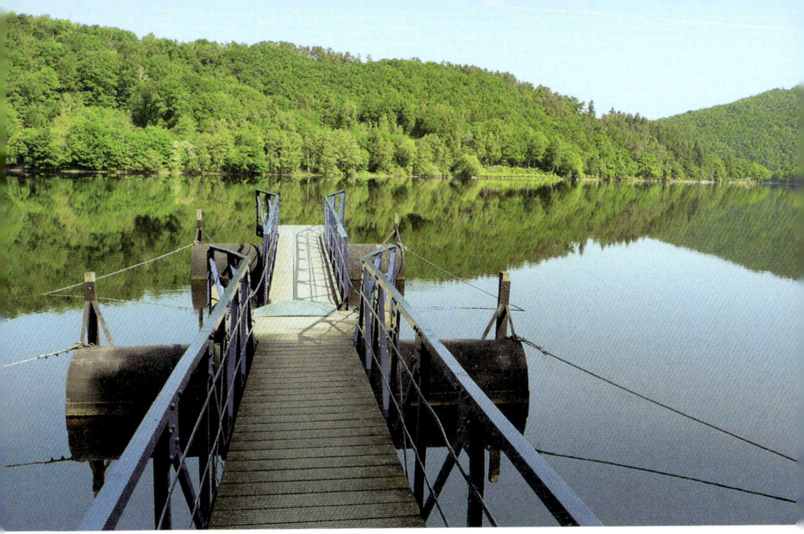

Landungssteg am Rursee.

Anforderungen

Weglänge und Höhendifferenzen bestimmen die Anforderungen an die Kondition, Wegbeschaffenheit und Ausgesetztheit die technischen Anforderungen. Die Etappen des Eifelsteiges sind zwischen 14 und 29 km lang und erfordern Gehzeiten zwischen 4 und 8 Stunden. Neun Etappen sind 20 km und länger. Die Höhenunterschiede entsprechen typischen Mittelgebirgswanderungen und liegen lediglich bei den Etappen 3 und 10 mit rund 800 bzw. 700 Metern im Aufstieg darüber. Wenige kürzere Streckenabschnitte erfordern etwas Trittsicherheit auf felsigem Pfad in steilem Hang. Näheres ist für jede Etappe aus dem jeweiligen Informationsblock ersichtlich.

Wanderkleidung und Ausrüstung

Für Wanderungen im Mittelgebirge sind Wanderschuhe mit guter Profilsohle in Halbschuhform ausreichend. Lange Wanderhosen und lange Hemdärmel schützen vor Sonnenbrand und weitgehend vor dem Befall durch im Gras und im Unterholz lebende Zecken (Zecken leben nicht in den Bäumen!). Nach jeder Wanderung sollten Kleidung und Körper einschließlich Haaren gründlich nach Zecken abgesucht werden. Wird eine Zecke innerhalb der ersten Stunden nach dem Biss vorsichtig herausgezogen, besteht keine Infektionsgefahr hinsichtlich Borreliose. FSME (Frühsommer-Meningo-Enzephalitis) wird sofort übertragen; die Eifel ist aber bislang kein Infektionsgebiet für FSME!

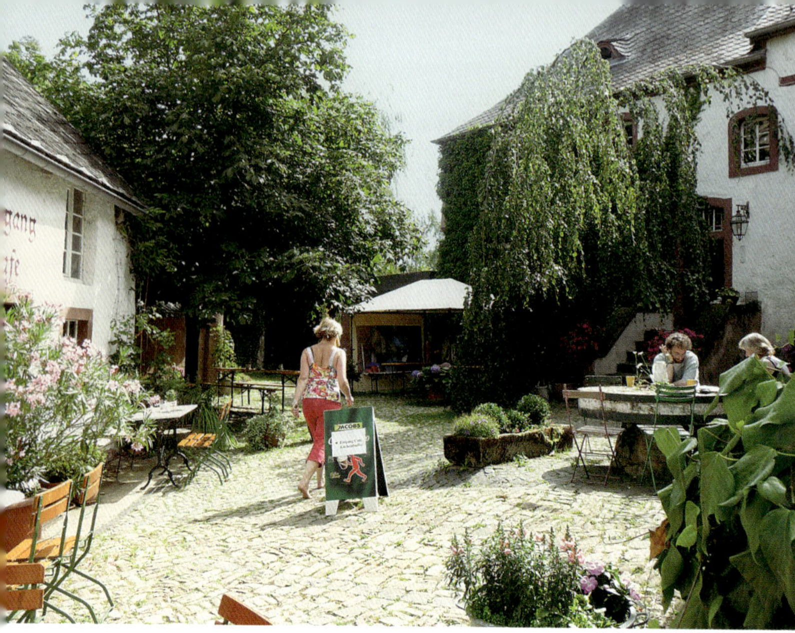

Idyllische Gastlichkeit in der Nohner Mühle.

Bei Mehrtageswanderungen in der Eifel ist grundsätzlich mit Wetteränderungen zu rechnen. Der Wanderer sollte deshalb für jedes Wetter gewappnet sein. Auch im Hochsommer gehören Wind- und Regenjacke sowie eine leichte Fleecejacke zur Standardausrüstung. Im Herbst und im Winter sollten auch die Beine durch eine Überhose geschützt werden und warme Kleidung bis hin zu Fleecemütze und Handschuhen die Ausrüstung ergänzen, um sich nach Zwiebelart zu kleiden. Sonnencreme, Sonnenbrille und Mütze sind obligatorisch. Dies gilt auch für die Mitnahme von Getränken: 1 Liter, im Hochsommer 2 Liter je Etappe, sind angemessen, allerdings abhängig von den Entfernungen zwischen den Einkehrmöglichkeiten. Nicht auf eine einzelne geöffnete Gaststätte verlassen, sondern immer Getränkereserve und Notproviant im Rucksack mitführen! Für alle Fälle sollten Pflaster, elastische Binde, persönliche Apotheke, Sicherheitsnadel und Bindfaden für Reparaturen an Kleidung und Ausrüstung sowie an den kürzeren Tagen im Herbst und im Winter Stirnlampe oder Taschenlampe dabei sein. Angenehm können Gamaschen auf feuchten, ungemähten Graswegen und ein Regen-/Sonnenschirm sein. Und selbstverständlich sollten dieser Wanderführer und die Eifelsteigkarte nicht vergessen werden!

Einkehren und Übernachten

Einkehr- und Übernachtungsmöglichkeiten werden in den Informationsblöcken der einzelnen Etappen aufgelistet.

Einkehrmöglichkeiten außerhalb der Start- und Zielpunkte an der Strecke sind eher spärlich. Es ist zu beachten, dass viele Gaststätten erst gegen Mittag öffnen, eine lange Mittagspause einlegen oder erst am späten Nachmittag bereit sind, Gäste zu empfangen.

Übernachtungen bieten Hotels, Gasthöfe, Pensionen, Gästehäuser und Jugendherbergen mit unterschiedlichem Komfort und unterschiedlichen Preisen. Zur besseren Orientierung sind in den Informationsblöcken die Unterkünfte nach Kategorien sortiert, und zwar nach ihrem Preis für Übernachtung mit Frühstück je Doppelzimmer:

- Kat. I bis 50 €
- Kat. II bis 75 €
- Kat. III bis 100 €
- Kat. IV bis 150 €
- Kat. V über 150 €

Die Hotelkapazitäten am Eifelsteig sind in den einzelnen Etappenorten sehr unterschiedlich. Am Ende der 7. Etappe in Mirbach besteht keine Übernachtungsmöglichkeit, am Ende der 13. Etappe im Bruch gibt es nur sehr wenige Betten. Es muss dort auf andere Orte ausgewichen werden. Aus diesem Grunde sind auch Unterkünfte in der Nähe und unterwegs am Steig ausgewiesen. Dies hat nebenbei den Vorteil, dass die Etappenlängen gegebenenfalls individuell gestaltet werden können. Eine zunehmende Zahl der Hotels bietet einen Shuttle-Service an; fragen Sie gegebenenfalls danach.

Wegen der relativ großen Bedeutung des Campings einerseits und stellenweise vorhandenen Engpässen im Hotelgewerbe andererseits sind auch Campingplätze in die Verzeichnisse aufgenommen worden. (Gästehäuser mit nur sehr wenigen Betten, Privatzimmervermieter und Ferienwohnungen konnten keinen Platz in diesem Führer finden. Man wende sich bei Bedarf an die bei den einzelnen Etappen aufgeführten lokalen Tourist-Informationen.)

Zur Beachtung: Bargeldlose Zahlung ist in der Eifel nicht sehr verbreitet.

Anreise

Die Eifel wird von vier Autobahnen eingerahmt: die A 4 Köln – Aachen im Norden, die A 48/A 1 Koblenz – Trier im Südosten, die A 60 Wittlich – Lüttich im Westen und die A 61 Koblenz – Köln im Osten. Vom Rheinland aus erschließen die von Köln bis Blankenheim fertiggestellte A 1 (am Lückenschluss Blankenheim – Daun wird gearbeitet) sowie die sehr gut ausgebaute B 51 zwischen dem derzeitigen Ende der A 1 bei Blankenheim und der A 60 bei Prüm die zentrale Eifel (siehe auch Übersichtskarte).

Aachen als nördlicher Ausgangspunkt für den Eifelsteig ist vom Fernbahnknoten Köln über eine der zentralen mitteleuropäischen Eisenbahnstrecken vorzüglich mit allen Zugkategorien bis hin zum Hochgeschwindigkeitszug Thalys zu erreichen. – Der Endpunkt **Trier** verzeichnet jede Stunde eine schnelle Verbindung mit Regionalexpress (RE) oder Intercityzug (IC) über die Moselstrecke (Kursbuchstrecke 690) nach Koblenz und damit an die Rheinstrecke. Mit den Regioradler-Buslinien 500 Cochem – Daun – Gerolstein und 300 Wittlich – Manderscheid – Daun kann man von der **Moselstrecke** aus alle 2 Stunden zu Etappenorten am Eifelsteig gelangen. – Über die **Eifelstrecke** Köln – Euskirchen – Gerolstein – Trier (Kursbuchstrecke 474) können die Orte der Eifelsteig-Etappen 6/7, 8/9/10 und 14/15 erreicht werden. Zwischen Köln und Gerolstein wird jede Stunde eine schnelle Verbindung mit Regionalexpress (RE 12 und RE 22) angeboten, im Abschnitt Gerolstein – Trier sind es 3 Verbindungen mit RE und Regionalbahn (RB) innerhalb von jeweils 2 Stunden.

Innere Verkehrserschließung

Die **B 258** Aachen – Kornelimünster – Roetgen – Monschau – Schleiden – Blankenheim und die B 266 Roetgen – Simmerath – Einruhr – Gemünd – (Euskirchen) sind die wichtigsten Erschließungs- und Verbindungsstraßen für die ersten 6 Etappen des Eifelsteiges. Zwischen Daun und Trier (Etappen 11–15) kann die A 1 als schnelle Verbindung genutzt werden.
Die **Eifelstrecke Köln – Trier** (Unterbrechungen bis voraussichtlich Sommer 2023, siehe Hochwasserhinweis S. 5) kann dem Wanderer bedingt für den Transfer am Eifelsteig nützlich sein. Das gilt für die Bahnhöfe Urft (Kloster Steinfeld), Nettersheim, Blankenheim-Wald, Oberbettingen (Hillesheim), Gerolstein, Kordel und Trier. Es ist zu beachten, dass die Bahnhöfe Urft, Blankenheim-Wald und Oberbettingen nicht direkt am Steig und außerhalb der

Rurseeschifffahrt.

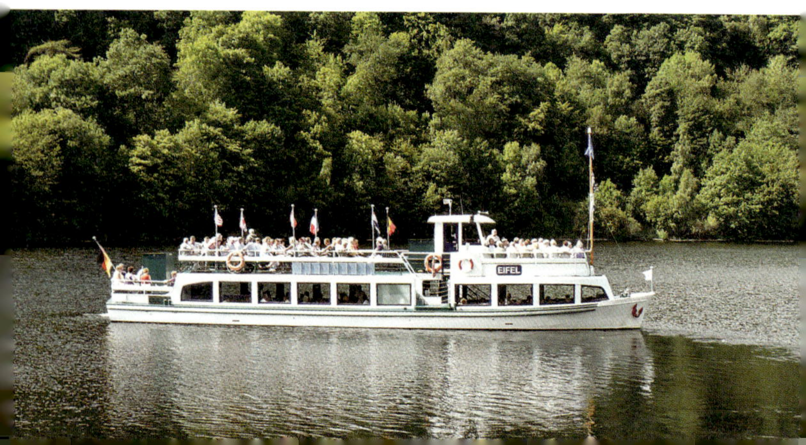

Hauptsiedlungen liegen. Urft und Oberbettingen werden nur zweistündlich bedient. – Die Schienenbusse der **Eifelquerbahn** können für den Transfer zwischen Gerolstein und Daun genutzt werden. Sie verkehren samstags, sonntags und feiertags vom 1. Mai bis zum 31. Oktober sowie täglich an Ostern und im Juli/August.

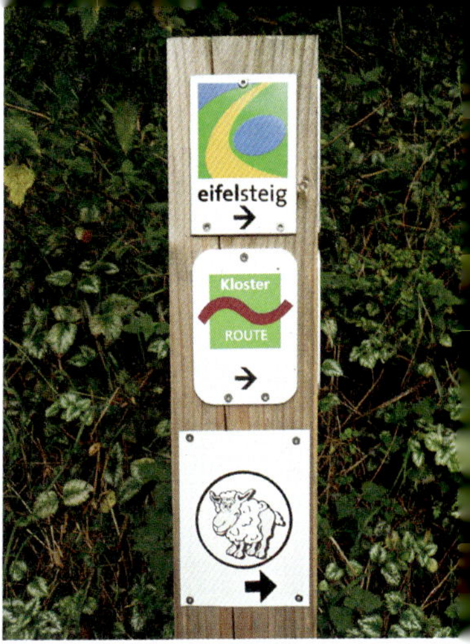

■ www.veb.de, Tel. 06591/94 99 87 10

Bei **Busbenutzung** ist darauf zu achten, dass viele Busse nur während der Schulzeiten verkehren. Damit fallen die für Wanderer besonders interessanten Verbindungen in den Ferien und an Wochenenden zum großen Teil schon einmal aus. In der dünn besiedelten Eifel sind Rufbussysteme (Anrufsammeltaxi, Taxibusse) eingerichtet. Sie fahren nur bei Bedarf. Wenn man sie nutzen will, muss spätestens 1 Stunde (Kreis Euskirchen 30 Minuten) vorher eine Zentrale angerufen werden (Gruppen ab 5 Personen 3 Tage vorher). Die Fahrpläne weisen auch die Telefonnummern aus. Die Fahrt in diesen Taxis oder Kleinbussen kostet einen kleinen Aufschlag.

Die Busse des **Aachener Verkehrsverbundes** (AVV) bedienen die nördliche Eifel (siehe dazu die Hinweise in den Informationsblöcken der einzelnen Etappen). Im Bereich des **Nationalparks Eifel** sind spezielle Buslinien für Besucher und Wanderer eingerichtet, die auch eine Bedienung am Wochenende sicherstellen. Für Eifelsteig-Wanderer sind die bei den Tourisinformationen erhältlichen Broschüren und Mini-Fahrpläne hilfreich. Die **Wanderbuslinie 770** verkehrt zwischen Ostern und Ende Oktober 4 x täglich zwischen Kall und Mirbach (Etappen 5 bis 7) samstags, sonntags, feiertags und an Brückentagen. Haltestellen sind: Kall-Bf. – Kloster Steinfeld – Nettersheim-Bf. – Marmagen-Eifelplatz – Bf. Blankenheim-Wald – Blankenheim-Busbf. – Ripsdorf-Kirche – Alendorf – Mirbach. (Jahresfahrplan unter www.eifelsteig.de).

Im Süden stellen die **Buslinien 500** »Regioradler Vulkaneifel« von Cochem über Daun nach Gerolstein sowie die **Linie 300** »Regioradler MaarcMosel« von Wittlich über Manderscheid nach Daun nicht nur Verbindungen zur Moselstrecke her, sondern können vom Wanderer auch als Transfer am Eifelsteig genutzt werden (siehe die Hinweise in den Info-Blöcken der einzelnen Etappen).

Den schnellsten Weg vom Ende zum Ausgangspunkt des Eifelsteigs bietet die Bahnfahrt über Koblenz und Köln.

Fahrplaninformationen

- Deutsche Bahn AG, www.bahn.de, Fahrplanauskunft Tel. 0180/699 66 33 (kostenpflichtig).
- Aachener Verkehrsverbund GmbH (AVV), www.avv.de, unter wap.avv.de auch direkt auf das Handy. Fahrplanauskunft Tel. 0241/1688-1. Für Wanderer ist der schmale Taschenfahrplan »Mobil in der Eifel« sehr praktisch, Download unter https://avv.de/de/service/downloads.
- Verkehrsverbund Rhein-Sieg GmbH (VRS), www.vrsinfo.de, Tel. 0180/650 40 30 (Fahrplan- und Tarifauskünfte, kostenpflichtig), Tel. 0800/350 40 30 (sprechender Fahrplan).
- Verkehrsverbund Region Trier GmbH (VRT), www.vrt-info.de, Tel. 01806/13 16 19 (Mo–Fr 8–20 Uhr, Sa 9–14 Uhr, kostenpflichtig).
- Eifelquerbahn (Ulmen – Daun – Gerolstein, nur im Sommer!): Vulkan-Eifel-Bahn Betriebsgesellschaft mbH, www.veb.de, Tel. 06591/94 99 87 10.
- Rurseeschifffahrt: www.rurseeschifffahrt.de, Tel. 02446/479.

Gästecard

In der Nordeifel für Übernachtungsgäste, freie Bahn- und Busnutzung Ermäßigung in Freizeiteinrichtungen (www.nordeifel-tourismus.de).

Tipps und Veranstaltungen

Am Ende eines jeden Informationsblocks der einzelnen Etappen sind bedeutende jährlich wiederkehrende Veranstaltungen sowie Infrastruktureinrichtungen genannt, die für Wanderer interessant sein könnten, z. B. Badeseen, Freizeitbäder, landschaftliche Besonderheiten, Museen.

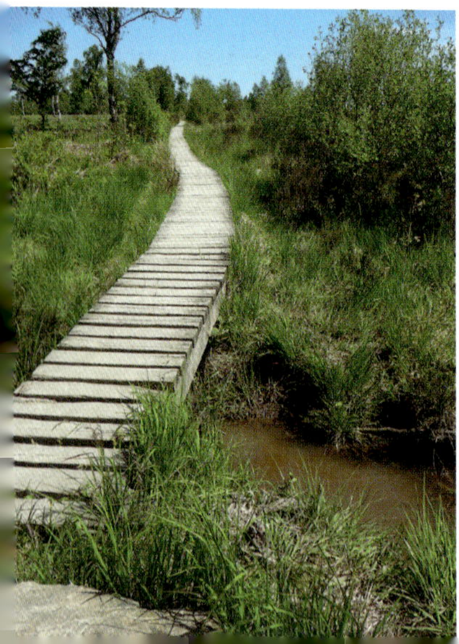

Touristik-Informationen

Zuständig für die gesamte Eifel und damit auch für den gesamten Eifelsteig:

- Eifel Tourismus GmbH, Kalvarienbergstraße 1, 54595 Prüm, Tel. 06551/ 9656-0 (Mo–Fr 8.30–17 Uhr), www.eifel.info, info@eifel.info.

Die zuständigen lokalen Touristik-Büros werden in den Informationsblöcken der einzelnen Etappen genannt.

Steg im Hochmoor.

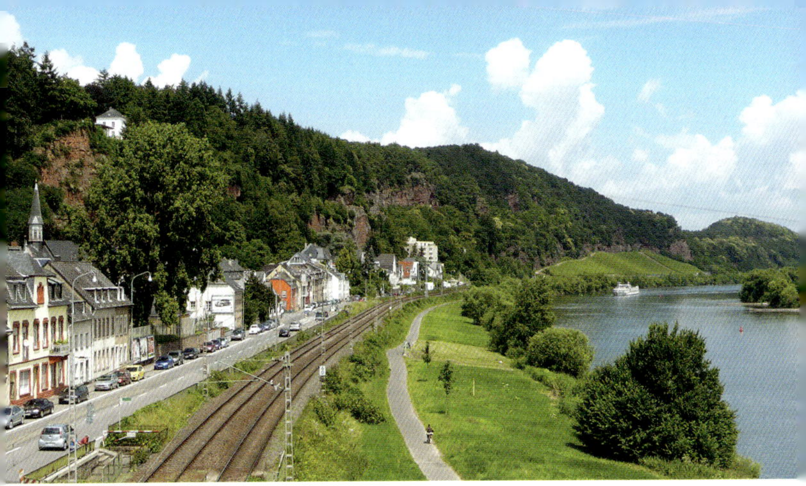

Moseltal bei Trier.

Karte

Kompass-Tourenkarte Eifelsteig 1:50.000.

Literaturauswahl

- Barbara und Hans Otzen: Die Eifel. Handbuch für individuelles Entdecken. Reise Know-How 2020.
- Barbara und Hans Otzen: Die schönsten Schlösser und Burgen. Ausflüge in die Eifel. Droste Verlag 2015.
- Walter Pippke und Ida Leinberger: Die Eifel. Wege zur Kultur des alten Vulkanlandes zwischen Aachen und Trier. Dumont Kunst-Reiseführer 2012.
- Michael Kühler und Brigitte Merz: Reise durch die Eifel (Bildband). Stürtz Verlag 2018.
- Petra Juling und Ulrich Berger: Eifel, Aachen, Trier. DuMont Reise-Taschenbuch 2020.
- Rudolf Müller: Die Eifel. Reise-Lesebuch. Verlag Michael Weyand 2008 (mit Literaturhinweisen).
- Maria und Winand Reitz: Eifel. Mit Mosel, Luxemburger Schweiz und Hohem Venn (70 Touren). Rother Bergverlag 2021 (für weitere lohnende Wanderungen in der Eifel, auch als E-Book und App erhältlich).
- Merian Magazin Eifel. Jahreszeiten Verlag 2001.
- Klaus Simon: Dumont Bildatlas Eifel – Aachen. Dumont Reiseverlag 2021.
- Bernd Imgrund: 111 Orte in der Eifel, die man gesehen haben muss. Emons Verlag 2021.
- Alexander Richter: Reiseführer Eifel. Trescher Verlag 2022.

Kleine Landeskunde der Eifel

Geschichte

Mit dem Ende der Eiszeit etwa 10.000 Jahre v. Chr. verbesserten sich die klimatischen Bedingungen, sodass auch die Eifel besiedelt wurde. Eisenschmelzen aus der Eisenzeit wurden in Hillesheim und in Bitburg nachgewiesen. Deutlichere Spuren hinterließen die Römer, als sie ihr Imperium vom 1. Jh. v. Chr. bis ins 3. Jh. n. Chr. bis an den Rhein vorschoben, was den Bau von Straßen unumgänglich machte. Die Römer beuteten Bodenschätze der Eifel aus und versorgten ihre Provinzhauptstadt Köln mit Frischwasser aus der Eifel. Eifelsteig-Wanderer stoßen auf der 15. Etappe südlich von Kordel auf ein römisches Kupferbergwerk und auf der 6. Etappe nördlich von Nettersheim auf die Quellfassung des Grünen Pütz und den Beginn der etwa 100 km langen römischen Wasserleitung nach Köln. Zeugnisse aus römischer Zeit am Eifelsteig finden sich in der Umgebung von Nettersheim und – als Höhepunkt – natürlich in Trier.

In karolingischer Zeit lag die Eifel zwischen dem immer noch bedeutenden Trier und der Kaiserpfalz in Aachen. Es war die Zeit der Klostergründungen, wobei insbesondere die Abtei Prüm, von den Merowingern gegründet und gefördert, zu umfangreichen Ländereien und zu Reichtum kam. Im Mittelalter lag die Eifel im Spannungsfeld der Erzbistümer Trier und Köln und den

Römisches Matronenheiligtum bei Nettersheim.

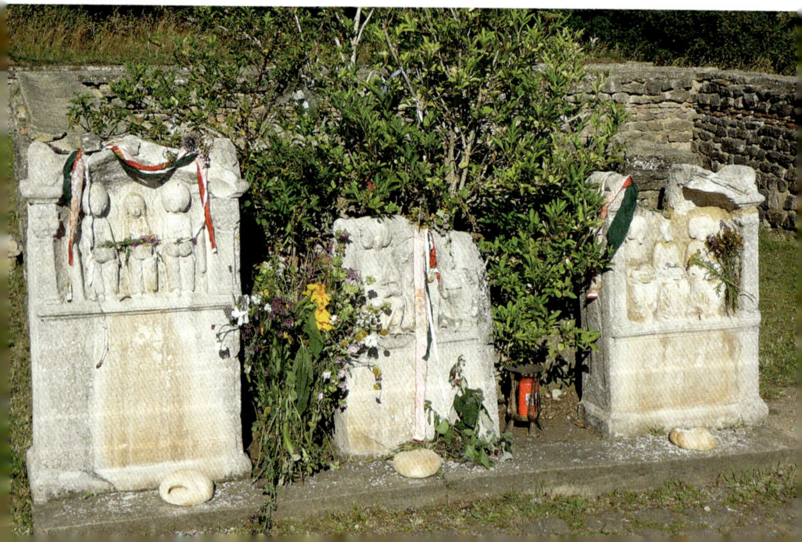

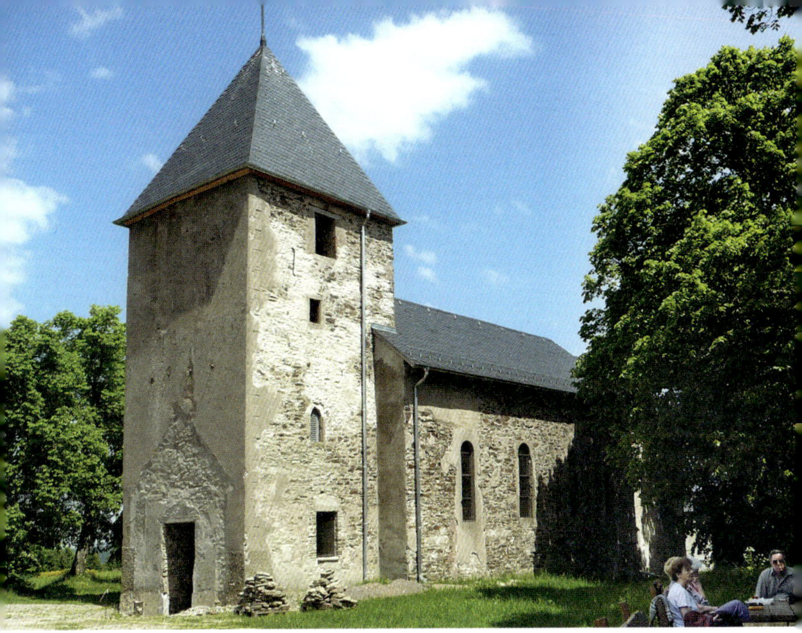

Verbliebene Dorfkirche der Wüstung Wollseifen.

regional bedeutsamen weltlichen Herrschaften Luxemburg und Jülich, die versuchten, ihre Territorien in der Eifel auszudehnen. So wurde die Eifel sehr häufig von kleineren und größeren Kriegen überzogen. Erwähnt seien hier nur die Jülicher Fehde 1542/43, als die Herzöge von Jülich sich gegen Kaiser Karl V. auflehnten, der daraufhin Monschau und Nideggen zerstörte. Besonders leidvoll für die Bevölkerung war das 17. Jh., in dem die Wirtschaft ruiniert wurde und viele Menschen ihr Leben ließen.

Der Dreißigjährige Krieg und die Pest löschten ganze Dörfer aus. Französische Truppen besetzten weite Teile der Eifel und pressten sie aus, bevor sie im Zuge des Pfälzischen Erbfolgekrieges 1689 Städte und Burgen zerstörten. Im Folgenden wurden die Wälder abgeholzt. Der nur extensiv bewirtschaftete Boden ernährte die dezimierte Bevölkerung nicht mehr. Im Jahre 1794 marschierten französische Revolutionstruppen ein und brachten dem einfachen Bürger vorübergehend persönliche und wirtschaftliche Freiheiten. Die Eifel wurde bis zur Niederlage Napoleons ein Teil Frankreichs.

Nach dem Wiener Kongress 1815 unterstand das Armenhaus Eifel der preußischen Regierung. Die Landschaft wurde mit Nadelbäumen wieder aufgeforstet. Im Deutsch-französischen Krieg 1870/71 und im Ersten und Zweiten

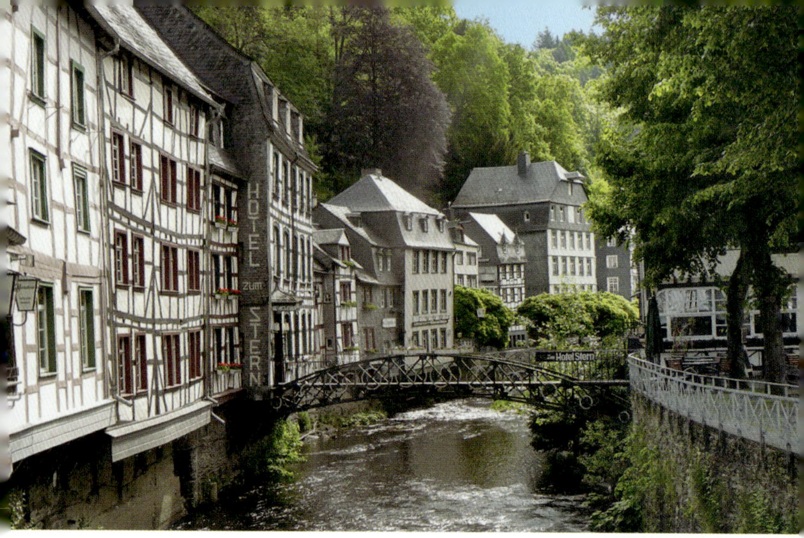

Monschau an der Rur.

Weltkrieg war die Eifel Aufmarschgebiet gegen Frankreich. Der Aufbau der Infrastruktur, insbesondere der Eisenbahnbau, folgte zum großen Teil militärisch-strategischen Zielen. Dadurch fand die Bevölkerung bei Bau und Betrieb der Eisenbahnen Arbeit und es wurde möglich, in die aufstrebenden Industriezentren außerhalb der Eifel zu pendeln. Größere Industrien in der Eifel selbst entwickelten sich nicht. Lebensgrundlage blieben weiterhin die Land- und Forstwirtschaft und etwas Bergbau. Den aufkommenden Tourismus versuchte man in den Zwanzigerjahren des letzten Jahrhunderts mit Arbeitsbeschaffungsmaßnahmen wie dem Nürburgring zu fördern, der gegenwärtig um einen Erlebnispark ergänzt wurde.
Auch der Bau des Westwalls vor dem Zweiten Weltkrieg schuf vorübergehend Arbeitsplätze. Dafür musste die Eifelbevölkerung besonders leiden. Während der Kampfhandlungen gegen Ende des Krieges wurden Städte, Dörfer und Infrastruktur stark zerstört. Im Hürtgenwald in der Nordeifel fand im Zuge der Ardennenoffensive, dem letzten Aufbäumen der Deutschen Wehrmacht, die blutigste Schlacht an der Westfront statt. Nach dem Krieg fand sich die Nordeifel in der britischen Besatzungszone, später im Land Nordrhein-Westfalen und die Südeifel in der französischen Zone und dem Land Rheinland-Pfalz wieder.
Dank der reizvollen Landschaft einerseits und der günstigen Lage zu Verdichtungsgebieten andererseits hat sich die Eifel inzwischen zu einer attraktiven Freizeitregion entwickelt.

Geografie

Die Eifel liegt im Städteviereck Aachen/Köln/Koblenz/Trier. Im Osten und Süden wird sie von Rhein und Mosel begrenzt. Im Norden streicht sie zur Kölner Bucht aus. Im Westen reicht sie bis zur belgisch-luxemburgischen Grenze bzw. zu den Ardennen. Die höchste Erhebung ist der Vulkankegel der Hohen Acht mit 747 m. Die Eifel kann grob in Nordeifel (Nordrhein-Westfalen) und Südeifel (Rheinland-Pfalz) unterteilt werden sowie auch in Westeifel (insbesondere Umland von Prüm und Schnee-Eifel) und Osteifel und Voreifel (Cochem/Mayen). Im Zentrum der Eifel liegen die Hohe Eifel mit den höchsten Erhebungen und die Vulkaneifel (Gerolstein/Daun). Die Eifel mit ihrem feucht-kühlen Klima ist nicht nur umgeben von Weinbaugebieten an Rhein und Mosel, an deren steilen, südexponierten Hängen mediterranes Klima herrscht, sondern hat im Ahrtal selbst Anteil daran.

Geologie

Die Eifel stellt geologisch den nordwestlichen Teil des Rheinischen Schiefergebirges dar. Im tropischen Devonmeer, das weite Teile des heutigen Europa und auch das heutige Gebiet der Eifel bedeckte, lagerten sich mehrere Kilometer dicke Sedimentschichten ab. (Das im Nordosten angrenzende Hohe Venn weist ältere Gesteinsschichten aus dem Kambrium auf.) Im Kar-

Lavahöhle am Nerother Kopf.

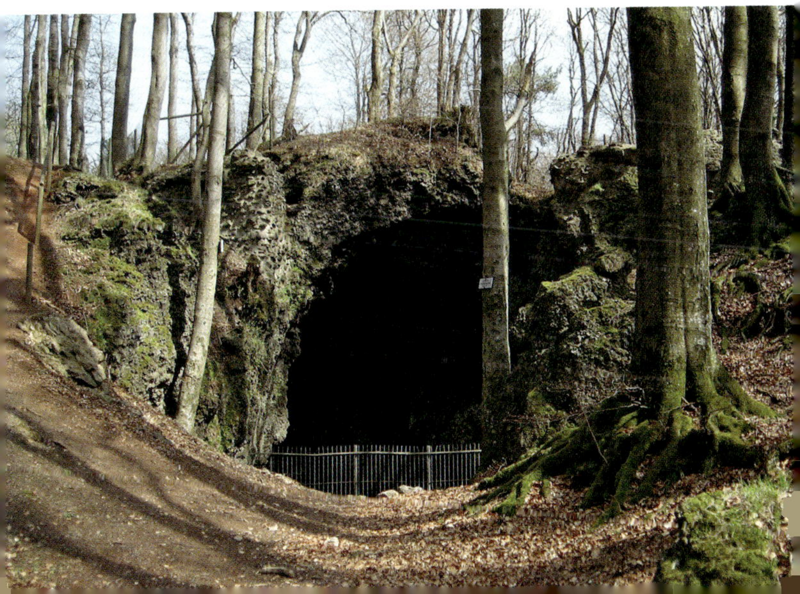

Geologische Zeitskala

Ära	Periode	Ereignisse in der Eifel
	Quartär 1 Mio. – 10.000 Jahre	Prägung des heutigen Landschaftsbildes Entstehung der Maare und des Laacher-See-Vulkans
Neozoikum (Erdneuzeit)	ab 2 Mio. Jahre	
	Tertiär 65 – 2 Mio. Jahre	Vulkanismus in der Hocheifel Auffaltung zum Mittelgebirge
	Kreide 140 – 65 Mio. Jahre	
Mesozoikum (Erdmittelalter)	Jura 200 – 140 Mio. Jahre	Verwitterung und Abtragung des devonischen Grundgebirges
	Trias 250 – 200 Mio. Jahre	Bundsandsteinschichten von Kordel u. a.
	Perm 300 – 250 Mio. Jahre	
	Karbon 360 – 300 Mio. Jahre	Variskische Gebirgsbildung
Paläozoikum (Erdaltertum)	Devon 410 – 360 Mio. Jahre	Sedimentation im tropischen Devonmeer (Dolomit)
	Silur 440 – 410 Mio. Jahre	
	Ordovizium 500 – 440 Mio. Jahre	
	Kambrium 550 – 500 Mio. Jahre	Gesteine des Hohen Venn
Präkambrium	4,6 Mrd. – 550 Mio. Jahre	

bon wurden die devonischen Schichten zum Variskischen Gebirge aufgefaltet und zusammengepresst. Das Gebirge wurde anschließend zu einem Rumpfgebirge abgetragen. In dem von der Trierer Bucht zur Niederrheinischen Bucht verlaufenden Senkungsgebiet der sogenannten Eifeler Nord-Süd-Zone setzten sich im Trias weitere Sedimente ab. Buntsandsteinschichten aus dieser Zeit stehen im Mechernicher Trias-Dreieck und – am Eifelsteig – in den Räumen Gerolstein/Hillesheim und Kordel/Trier an. In der Erdneuzeit wurde und wird das Rheinische Schiefergebirge – und damit auch die

Eifel – angehoben. Bäche und Flüsse wurden gezwungen, sich einzuschneiden. Dadurch entstand das charakteristische Gesicht der Eifel aus nur wenig gewölbten Hochflächen und tief eingeschnittenen Tälern. Die Hebung des Rheinischen Schiefergebirges hält bis heute an.

Eifel-Vulkanismus

Im **Tertiär** wurde das Rheinische Schiefergebirge wieder angehoben, die Niederrheinische Bucht und das Neuwieder Becken brachen ein. In dieser Zeit setzte die erste Phase des Eifel-Vulkanismus mit Schwerpunkt in der Hocheifel ein. Die Basaltdome dieser Vulkane bilden heute die höchsten Berge in der Eifel, wie z. B. die Hohe Acht (747 m) und die Nürburg (678 m). Diese Phase endete zeitgleich mit dem Vulkanismus im Siebengebirge vor 20–15 Millionen Jahren.

Im **Quartär** setzte in der Eifel eine erneute vulkanische Tätigkeit ein. In der Westeifel begann sie vor etwa 1 Million Jahren mit dem Zentrum im Raum Daun/Gerolstein. In dieser Zeit entstanden auch die berühmten **Maare** der Eifel. Die Maare sind keine Vulkankrater, die Lava und Asche ausstoßen. Sie entstanden vielmehr durch das Zusammentreffen von Wasser mit dem Magma, was Wasserdampfexplosionen hervorrief, die das Deckgebirge absprengten (Informationen im Vulkaneifel Magazin und unter www.geopark-vulkaneifel.de). – In der Osteifel setzte der Vulkanismus mit Schwerpunkt im Laacher-See-Gebiet ungefähr vor 500.000 Jahren ein. Er endete vor etwa 10.000 Jahren mit der Explosion des Laacher-See-Vulkans, dessen Caldera einbrach und auf deren Grund sich der Laacher See gebildet hat. Die gewaltigen Auswurfmassen werden noch heute als Basalt oder Bims abgebaut. In dieser Zeit dürften bereits Menschen im weiteren Raum gelebt haben, die Zeugen dieser Ereignisse wurden. Aus geologischer Sicht gilt die Eifel heute noch als vulkanisch aktiv.

Landschaft, Flora und Fauna

Die Eifel ist eine mitteleuropäische Mittelgebirgslandschaft, die in ihrer Vielfalt ihresgleichen sucht. Geologie, Relief, Höhenlage, Böden, Klima, Exposition und Niederschläge und nicht zuletzt die Bodennutzung durch den Menschen sind ausschlaggebend für die Landschaftsgestalt und das Vorkommen von Pflanzen und Tieren. In der der Eiszeit folgenden Warmzeit lösten die Buchen die ursprünglich vorherrschenden Eichen ab. Die Wälder stellten im Mittelalter und erst recht mit der beginnenden Industrialisierung einen wichtigen Wirtschaftsfaktor dar. Sie dienten als Weide und als Lieferanten für Holz und Holzkohle. Ende des 18. Jh. war die Eifel von Wäldern weitgehend entblößt. Nachdem die Preußen nach dem Wiener Kongress die Verwaltung übernommen hatten, wurde die Eifel mit der schnell wachsenden Fichte systematisch aufgeforstet. Heute ist man bemüht, die einseitige Nutzung zurückzudrängen und den Laubholzanteil deutlich zu erhöhen.

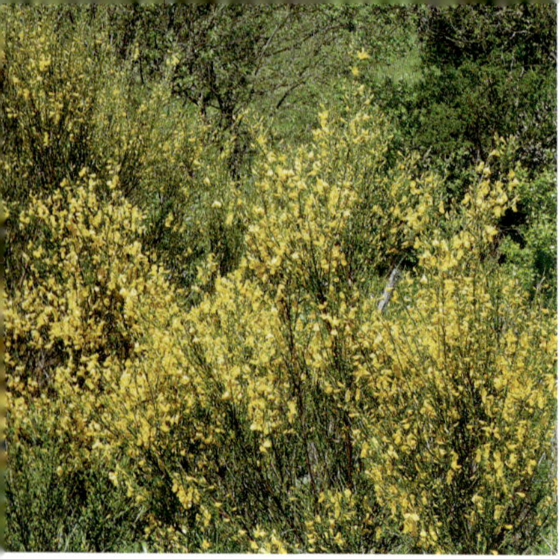

»Eifelgold«.

Stellenweise haben sich Relikte ehemaliger Bodennutzungen erhalten. Zu nennen sind insbesondere die durch extensive Schafweidung entstandenen Wacholderheiden im Lampertstal bei Alendorf (Eifelsteig-Etappe 7). Andererseits finden sich Reste von Naturlandschaften, so die Hochmoore im Naturschutzgebiet Struffelt und im Hohen Venn, in denen u. a. Moose, Wollgras und Heiden wachsen (Etappen 1 und 2). Besonders attraktiv für den Wanderer sind die vielen Orchideenstandorte und im Frühling die mit wilden Narzissen bestandenen Wiesen sowie der flächenhaft gelb blühende Ginster, der als »Eifelgold« bezeichnet wird.

Aufgrund des hohen Waldanteils sind Wildschwein, Reh und Fuchs stark vertreten. Mufflon, Biber und Uhu wurden eingebürgert bzw. ausgewildert. An den Gewässern findet sich häufig die Wasseramsel, wie auch das saubere Wasser von Bächen, Flüssen und Seen beste Vorausetzungen für viele Fisch- und Libellenarten bietet.

Neben vielen Natur- und Landschaftsschutzgebieten weist die Eifel zwei Naturparke und einen Nationalpark auf. Der Naturpark Nordeifel als Teil des Deutsch-Belgischen Naturparks Hohes Venn-Eifel umfasst eine Fläche von 1760 km^2, der Naturpark Südeifel als Teil des Deutsch-Luxemburgischen Naturparks erstreckt sich über 433 km^2. Der Nationalpark Eifel liegt im Wesentlichen südlich des Rurtalstausees und ist der erste seiner Art in Nordrhein-Westfalen (siehe Seite 58).

Wirtschaft und Verkehr

Die Eifel galt und gilt immer noch als wirtschaftlich strukturschwach. Größere Industrieanlagen haben sich zu keiner Zeit entwickelt. Arbeitsplätze im industriellen Bereich werden lediglich an ihrem Nordrand, im Köln-Bonner, im Koblenz-Neuwieder und begrenzt im Trierer Raum angeboten. Bodenschätze wurden bereits vor den Römern ausgebeutet. Die Gewinnung von Erzen wurde im letzten Jahrhundert eingestellt. Verblieben ist die Gesteinsgewinnung für Hoch-, Tief- und Wasserbau, Basaltabbau, Bimsabbau vorrangig im Neuwieder Becken und in geringem Maße der Abbau von Schiefer. Bedeutend ist die Getränkeindustrie, die die umfangreichen Mineralquellen ausbeutet und das gute Eifelwasser zum Bierbrauen nutzt. Ein neues

Erwerbsfeld eröffnet die Windenergie, die allerdings kontraproduktiv zu Landschaftsschutz und Tourismus sein kann.
Im Mosel- und im Ahrtal, begrenzt auch im Rheintal, sind Weinanbau und Weinwirtschaft bedeutend und bilden gleichzeitig eine Grundlage für den Tourismus. Für den Ackerbau bietet die Eifel keine günstigen Voraussetzungen, in den höheren Lagen wird fast ausschließlich Grünlandwirtschaft betrieben. Die Bedeutung der Forstwirtschaft als Rohstoff- und Einkommensquelle hat abgenommen. Die Funktionen des Waldes zielen heute mehr auf den Bodenschutz, Grundwasserschutz und Klimaschutz und auf die Bewahrung der Erholungslandschaft.
Der Tourismus gewinnt auch aufgrund verbesserter Verkehrsanbindungen zunehmend an Bedeutung. Die Eifel bietet gute landschaftliche und infrastrukturelle Voraussetzungen für die Erholung der Bevölkerung der umliegenden Verdichtungsräume und Städte. Dazu beigetragen haben die Stauseen der Nordeifel und die Maare, das dichte Netz von Wanderwegen, der Ausbau von Radwegen zum Radwandern, die Förderung des Naturtourismus, die Einrichtungen des Nationalparks und der Vulkanparke neben den bereits traditionellen Freizeitvergnügen, die der um einen Erlebnispark ergänzte Nürburgring oder der Eifelpark bieten. In Hochlagen stehen sogar Wintersportmöglichkeiten zur Verfügung.

Abbau vulkanischer Gesteine und Aschen.

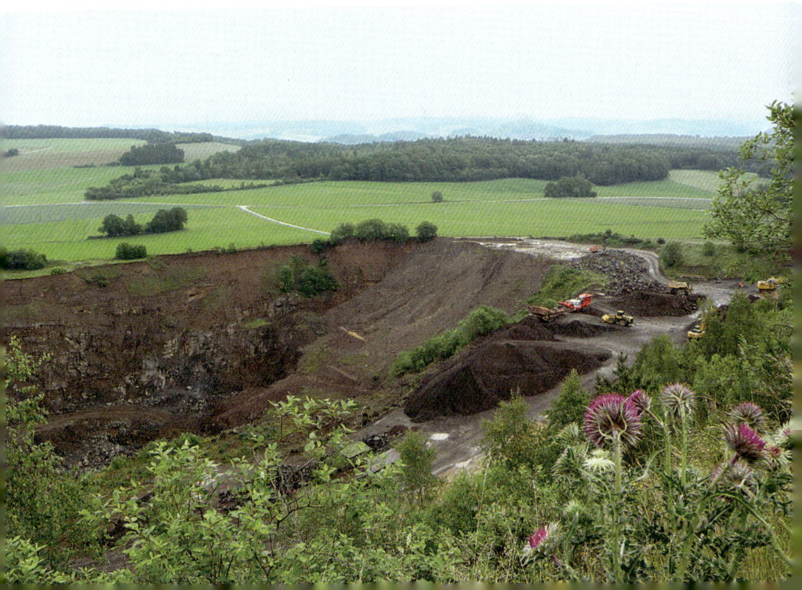

Porträt: Aachen

Aachen, die Stadt Karls des Großen, die sich auch Bad Aachen nennen darf, ist eine eigene Reise wert. Dem Eifelsteig-Wanderer kann nur empfohlen werden, die Gelegenheit zu einem Aufenthalt in dieser historisch bedeutsamen Stadt zu nutzen.

Aachen, im Dreiländereck Deutschland-Belgien-Niederlande gelegen, ist die westlichste Stadt Deutschlands, mit fast 260.000 Einwohnern, und mit einem reichen kulturellen Erbe ausgestattet. Ihre Siedlungsgeschichte lässt sich bis in die Jungsteinzeit und in die Bronze- und Eisenzeit zurückverfolgen. Die von den warmen Quellen angezogenen Römer schufen die erste Stadtanlage. Der fränkische König Pippin der Jüngere baute einen Hof. Sein Sohn Karl, später Karl der Große genannt, wählte diesen Hof zu seiner Residenz und errichtete zu Beginn des 9. Jh. die Kaiserpfalz mit der Pfalzkapelle, die noch heute das Oktogon des Aachener Doms bildet. Im Jahre 936 n. Chr. ließ sich Otto I. hier zum ostfränkischen König krönen. Aachen blieb fortan 600 Jahre lang Krönungsort der deutschen Könige. Insgesamt 31 Könige bestiegen den Thron Karls des Großen im Aachener Dom.

Im Jahr 1166 verlieh Kaiser Friedrich I., genannt Barbarossa, die Stadtrechte und Aachen wurde freie Reichsstadt. Der Baubeginn der inneren Stadtmauer im Jahre 1171 geht auf Barbarossa zurück, weshalb sie auch als »Barbarossa-Mauer« bezeichnet wird. Während diese Mauer über den heutigen Grabenring verlief, begann man 86 Jahre später mit dem Bau des äußeren Mauerrings entlang des heutigen Alleenrings. Diese Mauer wies 11 Stadttore und 22 Türme auf und bildete die Begrenzung der Stadt bis zum Jahr 1840. Das Ponttor und das Marschiertor sind noch erhalten.

Die Reformationszeit war in Aachen gekennzeichnet durch einen Machtkampf zwischen Protestanten und Katholiken bzw. zwischen dem Rat der Stadt und dem Kaiser, der den Protestanten den Zugang zu öffentlichen Ämtern verbot und über die Stadt zweimal die Reichsacht verhängte. Um 1600 hatte Aachen mehr als

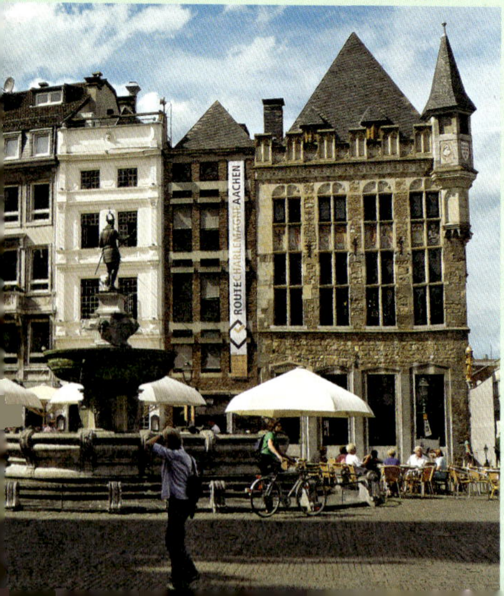

Markt mit Haus Löwenstein.

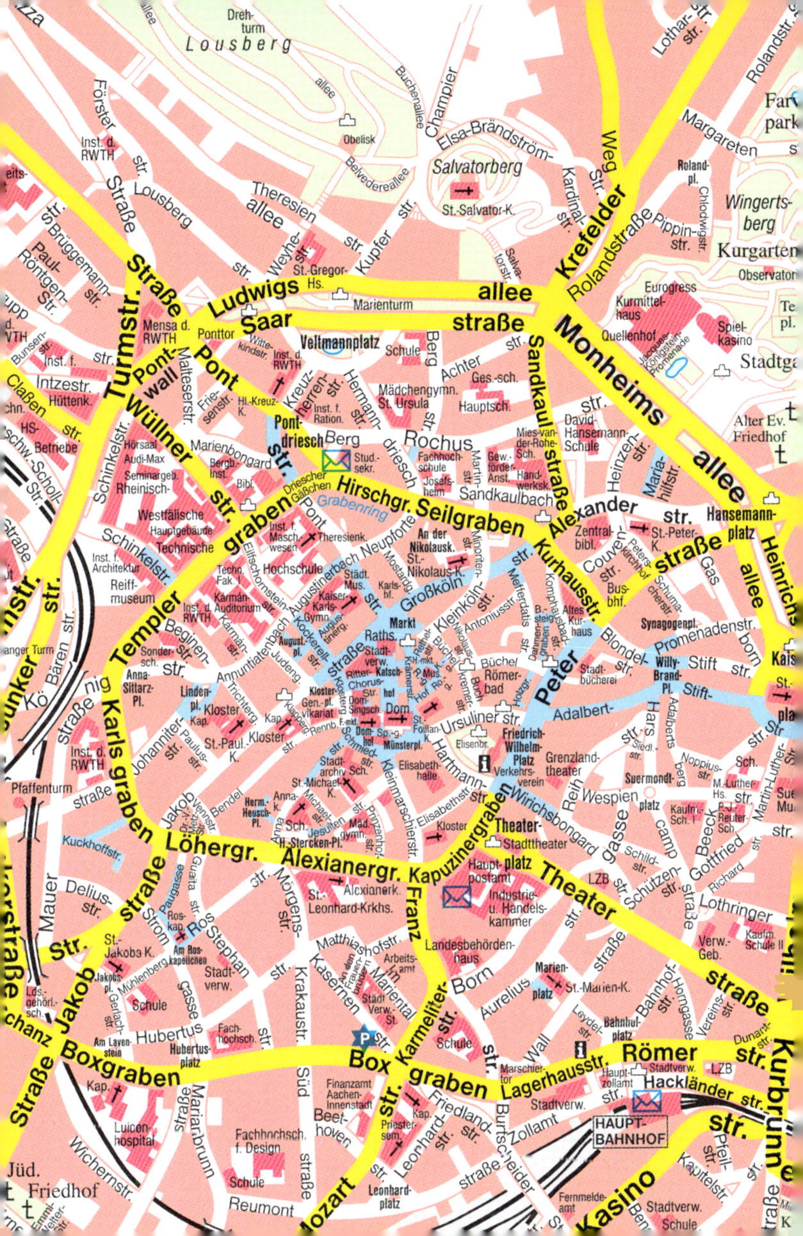

Dreh-turm
Lousberg
Obelisk
Belvedereallee
Buchenallee
Champier
Elsa-Brändström-
Salvatorberg
St.-Salvator-K.
Kardinal-
Weg
Margareten
Roland-pl.
Chlodwigstr.
Wingertsberg
Kurgarten
Observator
Förster
Inst. d. RWTH
Lousberg
Theresien allee
Weyhe-str.
St.-Gregor-Hs.
Kupfer str.
Salvatorstr.
Krefelder
Rolandstraße
Pippin-str.
Bruggemann-str.
Paul-Röntgen-Str.
Turmstr.
Straße
Ludwigs
allee
Marienturm
Eurogress
Kurmittelhaus
Spielkasino
Mensa d. RWTH
Ponttor
Saar
straße
Monheims
Quellenhof
Jacques-Königstein-Promenade
Stadtga
Bunsen-str.
Inst. f.
Witte-kindstr.
Inst. d. RWTH
Veltmannplatz
Schule
Berg
Achter
str.
Sandkaul
Ges.-sch.
Claßen
Intzestr.
Hüttenk.
Pont-wall
Maltesserstr.
Pont
Kreuz-herren-str.
Hermann-str.
Mädchengymn. St. Ursula
Hauptsch.
David-Hansemann-Schule
Alter Ev. Friedhof
HS-Betriebe
Wüllner
Friesenstr.
Hl.-Kreuz-K.
Inst. f. Ration.
Rochus
Mies-van-der-Rohe-Sch.
Heinzen-str.
allee
Schinkelstr.
Hörsaal Audi-Max
Seminargeb.
Rheinisch-
Marienbongard
Bergb.-Inst.
Bibl.
Pontdriesch
Berg
Stud.-sekr.
Fachhochschule
Josefsheim
Martin-str.
Gew.-förder-Anst.
Handwerksk.
Mariahilfstr.
Westfälische Hauptgebäude Technische
str.
graben
Drieschergäßchen
Grabenring
Hirschgr.
Seilgraben
Sandkaulbach
Alexander
str.
Hansemann-platz
Schinkelstr.
Inst. f. Architektur
Reiff-museum
Inst. f. Masch.-wesen
Pont
Theresienk.
An der Nikolausk.
Neupforte
Minoritenstr.
Kurhausstr.
Zentral-bibl.
St.-Peter-K.
straße
Heinrichs
allee
Techn. Fak. I
Hochschule
Städt. Mus.
St.-Nikolaus-K.
Großkölln
Couven-str.
Bus-bhf.
Gas
Templer
Kármán-Auditorium
Inst. d. RWTH
Augustinerbach
Kaiser-Karls-Gymn.
Karlshf.
Markt
Kleinkölnstr.
Antoniusstr.
Mefferdatisstr.
Komphausbadstr.
Altes Kurhaus
Synagogenpl.
Promenadenstr.
Beginen-str.
Sonder-sch.
Annuntiatenbach
Kockerell-str.
August.-pl.
Rathaus
Stadt-verw.
Büchel
Römerbad
Peter
Blondel-str.
Willy-Brandt-Pl.
Stift
Stift-
Kö
Bären
straße
Anna-Sittarz-Pl.
Judeng.
Ritter-Chorus-Str.
Katsch-hof
Dom
Kramerstr.
Hof
Ursuliner str.
Stadt-bücherei
Adalbert-
Adalbertsberg
Karls graben
Linden-pl.
Kloster
Trichterg.
Kap.
Klosterg.
Kloster-Gen.-pl.
Dom-Singsch.
St.-Foillan-K.
Friedrich-Wilhelm-Platz
Elisenbr.
Verkehrs-verein
Grenzland-theater
Hartmann-str.
Noppius-str.
Sch.
Johanniter-str.
Paulusstr.
St.-Paul-K.
Kloster
Rennb.
Schmied-str.
Dom-hof
Münsterpl.
Elisabeth-halle
Suermondt-
Wespien
platz
M.-Luther-Hs.
Pfaffenturm
Inst. d. RWTH
Stadt-archiv
Sch.
St.-Michael-K.
Kleinmarschierstr.
Wirichsbongard
Reih
gasse
Kaufm.-Sch. I
P.-J.-Reuter-Sch.
Martin-Luther-str.
Jakob
Bendel
Herm.-Heusch-Pl.
Anna-K.
Michaelstr.
Jesuiten
Sch.
Mäd.-gymn.
Elisabethstr.
Kloster
Theater-platz
Stadttheater
camp
Beeck
Gottfried
Kuckhoffstr.
Annastr.
H.-Stercken-Pl.
Löhergr.
Alexianergr.
Kapuzinergraben
Haupt-postamt
Theater
LZB
Schild-str.
Schützen-str.
Richard
Mauer
Delius-str.
straße
Paugasse
Rosstr.
Ros
Stephan
Mörgens-str.
St.-Leonhard-Krkhs.
Alexianerk.
Franz
Industrie- u. Handels-kammer
straße
Lothringer
Verw.-Geb.
Kaufm. Schule II
Str.
St.-Jakobs K.
Jakobs-pl.
Mühlenberg
Am Ros-kapellchen
Stadt-verw.
Matthiashofstr.
Kasernen
Arbeits-amt
Mariental
Landesbehörden-haus
Born
Aurelius
Marien-platz
St.-Marien-K.
Bahnhof-str.
Hermgasse
Vereins-str.
straße
Jakob
Schule
Gasse
Hubertus
Fach-hochsch.
Krakaustr.
Städt. Verw.-St.
Karmeliter-str.
Schule
Wall
Bahnhof-platz
Römer
str.
Dunant-str.
Kurbrunnen
Boxgraben
Am Laven-stein
Hubertus-platz
Box
graben
Lagerhausstr.
Stadtverw.
LZB
Haupt-zollamt
Hackländer str.
Kap.
Luison-hospital
straße
Marianbrunn
Süd
Finanzamt Aachen-Innenstadt
Beet-hoven
Kap.
Priester-sem.
Friedland-str.
Leonhard-str.
Burtscheider
Zollamt
Stadtverw.
HAUPT-BAHNHOF
str.
Pfeil-str.
Kapitelstr.
Jüd. Friedhof
Wichernstr.
Fachhochsch. f. Design
Schule
Reumont
straße
Mozart
Leonhard-platz
straße
Fernmelde-amt
Kasino
Stadtverw. Schule

14.000 Einwohner. Beim Stadtbrand 1656 wurde das gotische Aachen mit Ausnahme von Dom, Rathaus und wenigen weiteren Gebäuden fast völlig ausgelöscht. In der Folgezeit entwickelte sich die Stadt zu einem modernen Badeort.

Nach dem Einmarsch französischer Revolutionstruppen wurde Aachen französisch und nach dem Wiener Kongress preußisch. 1890 erreichte Aachen eine Einwohnerzahl von 100.000 Einwohner und wurde damit zur Großstadt. Nach dem Ersten Weltkrieg fiel der Raum Eupen/Malmedy und damit ein Teil des Hinterlandes an Belgien. Im Zweiten Weltkrieg wurde die Stadt durch Luftangriffe und im Verlaufe der sechswöchigen Schlacht um Aachen schwer zerstört. Seit 1950 verleiht die Stadt Aachen jedes Jahr den Karlspreis an Persönlichkeiten, die besondere Verdienste um die Einigung und den Frieden in Europa erworben haben. Mit der kommunalen Gebietsreform 1972 hat sich die Fläche der Stadt durch Eingemeindungen (u. a. Kornelimünster) mehr als verdoppelt.

Vom Mittelalter bis in die zweite Hälfte des 20. Jh. war die Tuchproduktion die wichtigste Wirtschaftsbranche in Aachen. Hinzu kamen mehr als hundert Nadelfabriken. Traditionell große Bedeutung hatte und hat die Süßwarenindustrie. Die in unterschiedlicher Konsistenz hergestellten Aachener Printen sind weltberühmt. Darüber hinaus weist die Stadt einen breiten industriellen Mix auf. Besonders zu nennen sind der Straßen- und Schienenfahrzeugbau, Elektrotechnik, Glasherstellung und pharmazeutische Produkte. Die Rheinisch-Westfälische Technische Hochschule (RWTH) einschließlich ihres Klinikums (steht als »bedeutendstes Zeugnis der High-Tech-Architektur in Deutschland« unter Denkmalschutz) ist heute der mit Abstand größte Arbeitgeber der Stadt.

Im Zuge eines gemütlichen Bummels durch die Fußgängerzone mit ihren Cafés sollte die Besichtigung von Dom und Rathaus keinesfalls versäumt werden:

Das vermutlich im Jahre 805 vollendete Oktogon der karolingischen Pfalzkapelle ist der älteste Teil des **Doms**, dem Wahrzeichen der Stadt. Von der 32 m hohen Kuppel hängt der von Kaiser Friedrich I. »Barbarossa« 1165 gestiftete Radleuchter herab. Die gotische Chorhalle von 1414 weist 27 m hohe Fenster auf. In ihrem Zentrum steht der Karlsschrein aus dem Jahre 1215 mit den Gebeinen Karls des Großen. Hinter dem Altar befindet sich der Marienschrein von 1239 mit den vier Aachener Heiligtümern, die alle sieben Jahre während der Heiligtumsfahrt gezeigt werden. Die Domschatzkammer birgt u. a. das Lotharkreuz von 1000 und die silberne Karlsbüste von 1349. Dom und Domschatz wurden 1978 als erstes deutsches und als zweites Welterbe überhaupt in die Liste der UNESCO aufgenommen.

Das 1349 vollendete gotische **Rathaus** gründet auf den Resten der Kaiserpfalz Karls des Großen. Im ersten Stock befindet sich der Krönungssaal, in dem die frisch gekrönten deutschen Könige ihr Festmahl hielten. Die Fresken zeigen Szenen aus dem Leben Karls des Großen. Kopien der Reichskleinodien und des Reichsevangeliars sind ausgestellt. – Vor dem Rathaus zeigt der Karlsbrunnen Karl den Großen mit Reichsapfel und Zepter. – Gegenüber am Markt ist das Haus Löwenstein als eines der wenigen Gebäude aus gotischer Zeit erhalten. – Erwähnenswert sind weiterhin die beiden noch vorhandenen mittelalterlichen Stadttore Ponttor und Marschiertor, der klassizistische Bau des Elisenbrunnens mit seiner Wandelhalle, wo die Karlsquelle gefasst ist, sowie die Carolus Thermen und das Spielcasino. – Aachen verfügt auch über bedeutende Museen. Öffnungszeiten und Führungen siehe Informationsblock der 1. Etappe, Rubrik »Tipps«.

■ Informationsbüro Elisenbrunnen am Friedrich-Wilhelm-Platz, www.aachen-tourist.de, info@aachen-tourist.de, Tel. 0241/180 29-60/61. (Weitere Details siehe Info-Block Etappe 1!)

Aachener Dom.

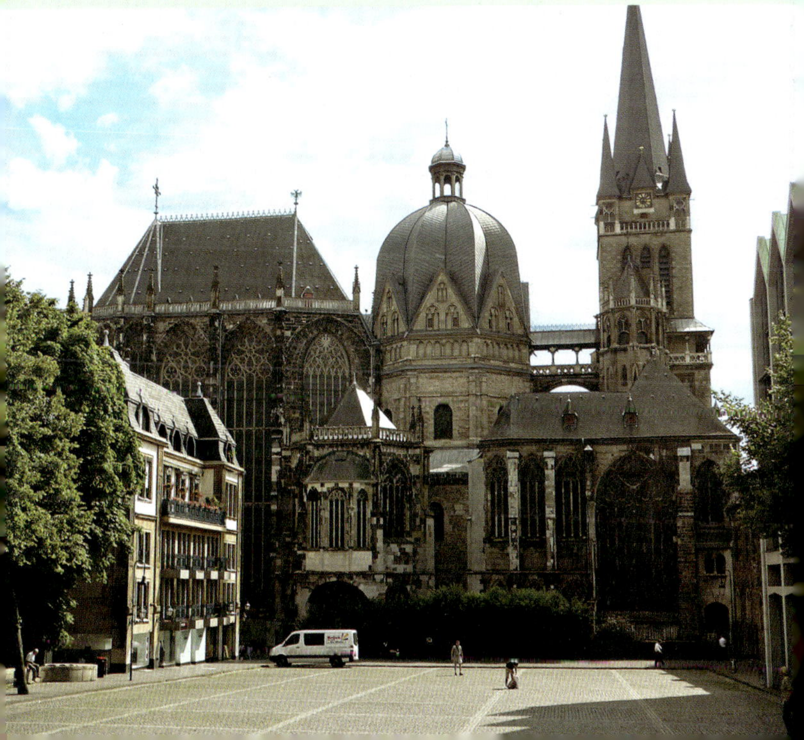

1 Von Aachen-Kornelimünster nach Roetgen

4.00 Std.
14 km

Annäherung an die Eifel

Die Anfangsetappe des Eifelsteigs führt uns zunächst sanft durch das Tal des Flüsschens Inde in die Eifel hinein. Im noch moderaten »Auf und Ab« wechseln offene Landschaften vorwiegend aus Wiesen und Weiden mit Wäldern ab.

Ausgangspunkt: Aachen-Kornelimünster, 225 m. Erreichbar: Mit dem Auto: A 4 und A 44 von Köln bzw. Düsseldorf; A 44 AS 3 Aachen-Brand, B 258 Richtung Monschau. – Mit der Bahn: Fernstrecke Köln – Brüssel/Paris mit ICE oder Thalys (www.thalys.com) bis Aachen Hbf., Schnellbus SB 63 bis Aachen Bushof, von dort Schnellbus SB 66 oder direkt ab Bf. Rothe Erde (Mo–Mo ½-stündlich, Sa, So stündlich). – Taxi Tel. 0241/34441 oder 0241/58000 oder 0241/66666 oder 0241/19410. – Parken: Im historischen Altstadtkern.
Endpunkt: Roetgen, 414 m. Rückfahrt nach Kornelimünster: Schnellbuslinie SB 66. Nach Aachen-Hbf. direkt Schnellbus SB 66. – Taxi Tel. 02471/8800.
Höhenunterschied: Aufstieg 380 m, Abstieg 190 m.
Anforderungen: Leichte und kurze Etappe zum Einlaufen.
Einkehr: Eine Besonderheit sind die Alt Aachener Kaffee- und Weinstuben, insbesondere van den Daele, Büchel 18. – In Kornelimünster am historischen Korneliusmarkt (wer essen will, muss sehr viel Zeit mitbringen!). – Ghs. in Walheim, Roetgen.
Unterkunft: aachen tourist service e. v., Postfach 102251, 52022 Aachen; Hotelvermittlung Mo–Fr Tel. 0241/1802950 oder -51, Fax 1802930, incoming@aachen-tourist.de; Hotelbuchung online: www.aachen-tourist.de/Hotels. – **Aachen-Kornelimünster:** Kat. IV: Design-Hotel-Restaurant Zur Abtei, www.Zur-Abtei.de, Tel. 02408/925500. – **Aachen-Walheim:** Kat. III–IV: HR Brunnenhof, www.brunnenhof-aachen.de, Tel. 02408/58850. – JH: Euregionales Jugendgästehaus, www.aachen.jugendherberge.de, Tel. 0241/711010. – **Camping:** Stellplatz für Wohnmobile und Caravans, Branderhofer Weg 11, Aachen-Burtscheid, Kontakt: Kur- und Badegesellschaft mbH Bad Aachen, www.aachen-camping.de, Tel. 0241/6088057. – **Roetgen:** Kat. IV: HR Am Eifelsteig, www.roetgentherme.de, Tel. 02471/12030; HR Landgasthof Gut Marienbildchen, www.gut-marienbildchen.de, Tel. 02471/2523. – Kat. III: HP Brunnenhof, www.brunnenhof-roetgen.de, Tel. 0177/8968321. – **Camping:** Campingplatz Vichtbachtal in Mulartshütte, www.vichtbachtal.de, Tel. 02408/5131; kostenloser Wohnmobilstellplatz an der Bahnhofstraße in Roetgen.
Information: Aachen: siehe bei Unterkunft! Und: Informationsbüro Elisenbrunnen am Friedrich-Wilhelm-Platz, Mo–Fr 9–18 Uhr, Sa 9–14 Uhr, So 10–14 Uhr, www.aachen-tourist.de, info@aachen-tourist.de, Tel. 0241/180 29-60/61 (für allgemeine Infos, Stadtführungen). – **Roetgen:** Monschauer Land Touristik, www.eifel-tipp.de, info@eifel-tipp.de, Tel. 02473/93770, Hotline 0180/5012500. – Roetgen-Touristik e. V., www.roetgen-touristik.de, info@roetgen-touristik.de, Tel. 02471/132276.
Tipps: Aachen: Markierter Stadtrundgang anhand Stadtkurzführer »Kaiser Karl führt durch Aachen« (3 € im Informationsbüro Elisenbrunnen). – Altstadtführungen (Dauer ca. 1,5 Std.), April–Okt. täglich, Nov.– März Sa, So, feiertags. – Abendbummel (ca. 1,5 Std.), April–Okt. Fr 18 Uhr. – Stadtrundfahrt, ganzjährig Sa 14.30 Uhr. – Themenführungen (ca. 1.30 Std.), April–Okt. Mi 18 Uhr. – Unbedingt besichtigen: Dom (www.aachendom.de, mehrere Führungen täglich, Bu-

chung Tel. 0241/477 09-127) und Rathaus (www.aachen.de, Buchung von Führungen Tel. 0241/18029-60 oder 61). – International bedeutsame **Museen:** Ludwig Forum für Internationale Kunst (Kunst der Gegenwart, geöffnet ab Mittag, Mo geschlossen, kostenlose Führung So 12 Uhr, www.ludwigforum.de, Tel. 0241/1807-104). – Suermondt-Ludwig-Museum (Kunst von der Antike bis zur klassischen Moderne, von Dürer/Cranach über Rembrandt/van Dyck bis zu Macke/Dix, geöffnet ab Mittag, Mo geschlossen, öffentliche Führungen So 15 Uhr, Mi 18.30 Uhr, www.suermondt-ludwig-museum.de, Tel. 0241/479800). – Weitere Museen siehe www.aachen-museen.de. – **Carolus Thermen** Bad Aachen (im Stadtgarten), geöffnet täglich 9–23 Uhr, www.carolus-thermen.de, Tel. 0241/82740. – Spielcasino (im Stadtgarten), 15–3 Uhr, www.casino-aachen.de, Tel. 0241/18080. – Wiederkehrende Events: Orden wider den tierischen Ernst, Januar. – Internationaler Karlspreis, Himmelfahrt. – CHIO, Weltfest des Pferdesports, Anfang Juli. – Lange Nacht der Museen, Mitte August. – Weinfest, Ende August. – Cityfest, Anfang September. – Weihnachtsmarkt ab Ende November. – **Roetgen:** Saunadorf Roetgen-Therme (www.roetgentherme.de, Tel. 02471/12030).

Hinweise: Folgen des Hochwassers von 2021: Bei Hahn wird im Frühjahr 2022 eine kleinräumige Umleitung eingerichtet, die Brücke voraussichtlich 2023 erneuert. – Eine temporäre kleine Umleitung bei Rott wird durch Neubau der Brücke im Laufe des Jahres 2022 wieder entbehrlich.

Am Korneliusmarkt in Kornelimünster.

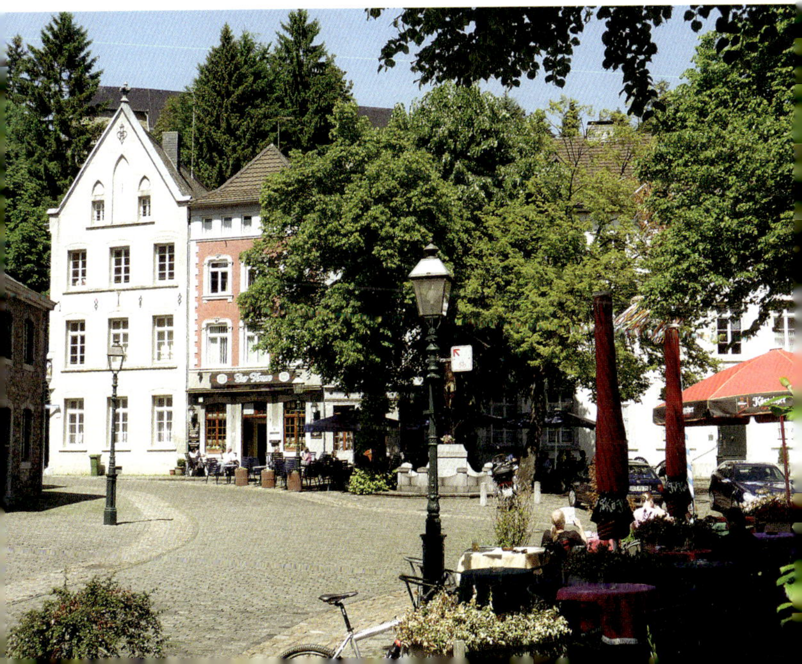

Der 314 km lange Eifelsteig von Aachen nach Trier beginnt im historischen Altstadtkern des Aachener Stadtteils **Kornelimünster (1)**. Auf dem **Kornelimarkt**, neben einer Wanderkarte und einer Stele zum Andenken an die Pilgerfahrten, steht der erste Wegweiser und weist uns in eine Gasse. Wir queren das Flüsschen Inde und die B 258, halten uns links (Bushaltestelle) und folgen einem Sträßchen, das in einen Teerweg übergeht, bachaufwärts. Nach 400 m ab Start gehen wir über die Indebrücke und kreuzen anschließend nochmals die B 258.

i *Die Reichsabtei **Kornelimünster** wurde im Jahre 814 von Kaiser Ludwig dem Frommen an einem Schnittpunkt wichtiger Straßen gegründet. Bereits Ende des 9. Jh. wurde der erste Kirchenbau durch die Wikinger zerstört. Einem ottonisch-romanischen Bau folgte der gotische Bau, der noch heute bestimmend ist. Im Laufe der Zeit wurde die Kirche umgebaut und erweitert. Notwendig und möglich wurde dies durch den Besitz bedeutender Reliquien, die Kornelimünster zu einem bedeutenden Pilgerzentrum machten. Noch heute wird die Tradition der Wallfahrten gepflegt. Im 18. Jh. wurde die Anlage durch die markante achteckige barocke Korneliuskapelle ergänzt und die Klostergebäude als fünfflügelige Barockanlage neu errichtet. Im Zuge der Säkularisation wurde auch dieses Kloster im Jahre 1802 aufgehoben. Heute wird in der ehemaligen Benediktinerabtei zeitgenössische Kunst aus Nordrhein-Westfalen gezeigt (www.kunst-aus-nrw.nrw.de, Tel. 02408/6492). Die heutige Pfarrkirche bildet mit den sie umgebenden Plätzen, Korneliusmarkt und Benediktusmarkt, ein harmonisches und stimmungsvolles Ensemble.*

Nach der B 258 führt uns ein schattiger Grasweg am Waldrand entlang weiter in das Tal hinein. Vor uns taucht ein Viadukt der stillgelegten **Vennbahn** auf. Um einen Weg zu kreuzen, der vom Pferdehof Schlausermühle zu den Koppeln führt, müssen wir uns zweimal durch einen Engpass im Weidezaun winden. Von dort folgen wir unter dem **Viadukt** hindurch einem Pfad, der zur ehemaligen Bahntrasse aufsteigt. Die Gleise liegen noch und wir können bereits hier – nach weniger als 30 Min. – rasten. Je nach Witterung steigen oder rutschen wir wieder ins Bachtal hinab und gehen ab einem den Bahndamm querenden Tunnel auf einer Treppe wieder hinauf (zwei schattige Bänke). Auf aussichtsreichem Grasweg geht es parallel zu den Schienen nach

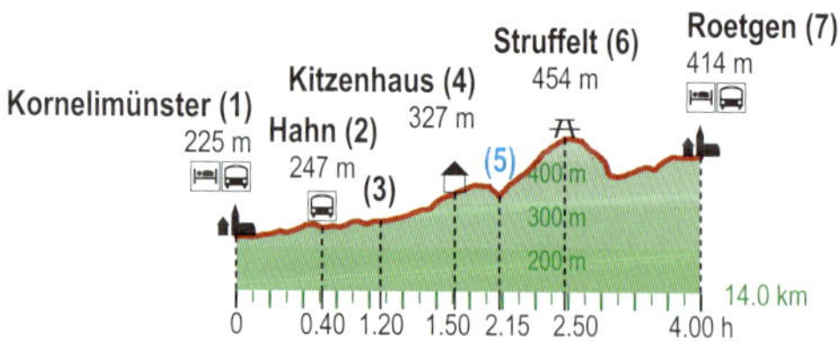

Hahn (2) und dort hinab zur Hahner Straße (247 m, 40 Min. ab Start, 100 m zur Ortsmitte, Bushaltestelle).
Wir folgen der Hahner Straße nach rechts, nach ca. 100 m allerdings jenseits der Inde und vor einem Bauernhof wieder an das andere Ufer. An der Bushaltestelle Hahner Steinbruch wandern wir links in einen Kiesweg hinein, der in einen schönen, schattigen Waldweg entlang der Inde aufwärts übergeht. Schautafel klären über die Kalktrichteröfen »In der Au« auf, die wir bald passieren. Der beschauliche Waldweg führt uns nach rechts auf einer Betonbrücke über die Inde und zu den **Walheimer Steinbrüchen** (Sinnesbänke zum Relaxen; 50 m weiter die gut erhaltenen bzw. restaurierten Trichteröfen und Schautafeln).
Nach weiteren 200 m erreichen wir den auf einer Rodungsfläche gelegenen **Wanderparkplatz Kalkofen** (279 m, 30 Min. ab Hahn). Hier wenden wir uns scharf links und treten in das **Freizeitgelände Friesenrath (3)** ein (großer Kinderspielplatz, Grillhütte, selten geöffneter Kiosk). Immer im schattigen Wald bleibend, kommen wir nach **Friesenrath** (266 m, 10 Min.). Nach 500 m haben wir, dem Friesenrather Weg folgend, die Siedlung durchschritten. Hinter der Indebrücke biegen wir scharf links in den Wald ab. An einem querenden Teerweg ge-

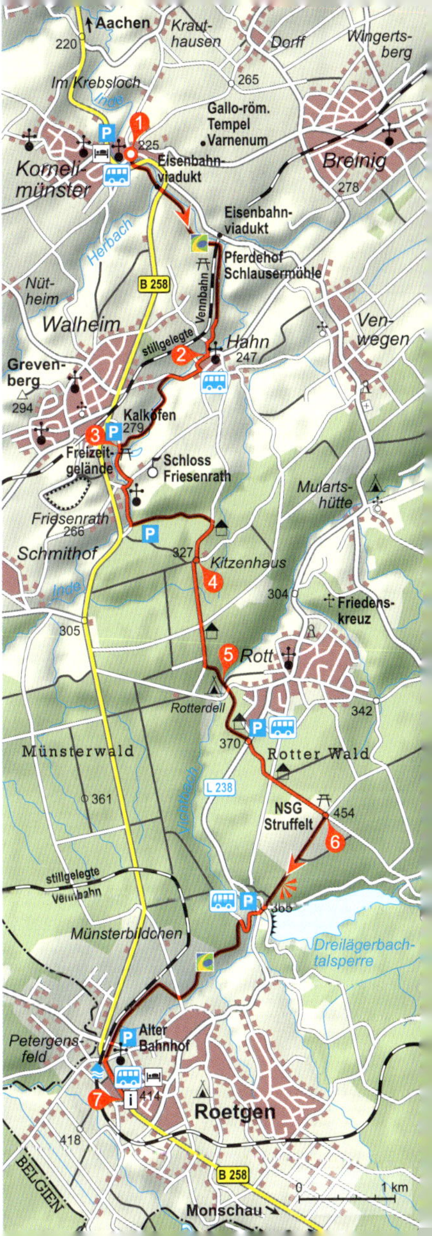

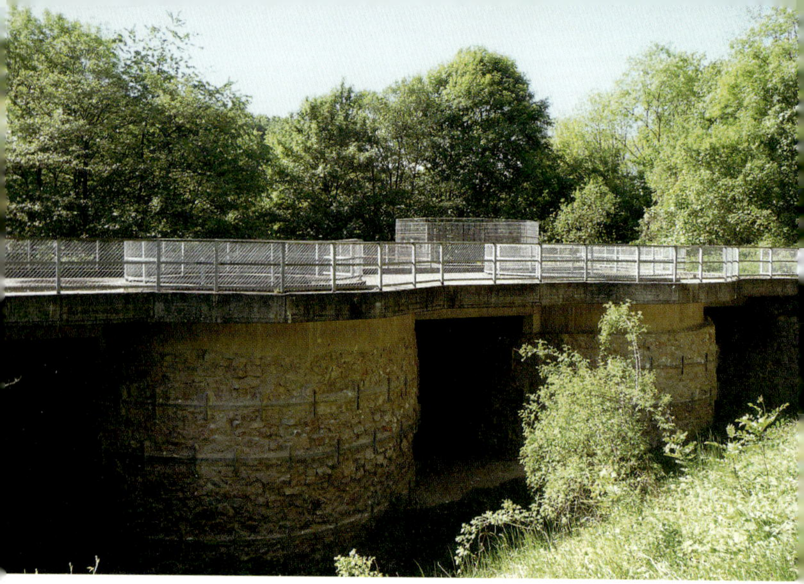

Kalkbrennöfen bei Walheim.

hen wir rechts, passieren einen hölzernen »Pilz«, der als Unterstand dienen kann, und erreichen die Rodungsinsel **Kitzenhaus (4)**, 30 Min.
Am Ende der kleinen Siedlung gehen wir nur ca. 20 m nach rechts und folgen dann links einer etwas eintönigen, geradlinigen Forstpiste in den Fichtenwald hinein. Etwa 400 m nach einem Rettungspunkt und einer Schutzhütte müssen wir (Achtung!) nach links von der Piste abzweigen. Zwischen Fichten geht es in das Tal des **Vichtbaches (5)**, 25 Min. hinab, den wir auf der Uelenfurt-Brücke queren. Wir steigen den bewaldeten Hang hinauf und queren ein Sträßchen. Weiter hinauf zur L 238, weichen wir oftmals dem morastigen Weg durch den Wald aus. Wir queren die L 238 ca. 100 m vom **Wanderparkplatz** entfernt, 370 m, 15 Min. (Schutzhütte, Bushaltestelle). Ein breiter Schotterweg führt hinauf in den Rotter Wald (Schutzhütte) und zum Naturschutzgebiet **Struffelt (6)**, 20 Min., Rastplatz, Informationstafel zu schützenswerten Vogelarten.
Hier zweigt ein Naturweg rechts ins Hochmoor ab, das wir schließlich auf einem Holzsteg überwinden. Anschließend setzt sich der Eifelsteig auf einem breiten, abwärts führenden Weg fort. Wo dieser sich nach rechts wendet, nutzen wir einen Pfad, der geradeaus hinunter zur Dammkrone der **Dreilägerbachtalsperre** führt. Dort gehen wir auf der Straße 50 m nach rechts, um links neben dem Tor auf einem sehr steilen Pfad (Rutschgefahr! Nicht

trittsichere Wanderer können auf einem Umweg der Straße folgen) hinab zum **Fuß der Staumauer** zu gelangen (365 m, 25 Min., Bushaltestelle).
Wir werden geradeaus in das Betriebsgelände der Trinkwasseraufbereitung für die Stadt Aachen geführt. Hier geht es links und dann rechts-links bis zum **Wegweiser »Westwall«** (400 m) hinauf. Dort verlassen wir die breiten Wege und tauchen links fast weglos in Fichtenhochwald ein. Anschließend durchqueren wir blühende Weiden und erblicken den Kirchturm von Roetgen. Wo wir einen querenden asphaltierten Wirtschaftsweg erreichen, wählen wir halbrechts einen Waldweg, der sich zu einem Pfad verengt und an einem tiefen Graben aufwärts führt. Danach wandern wir auf Wegen und Pfaden wieder aussichtsreich durch Weidegelände bis wir schließlich der Trasse der stillgelegten Vennbahn bis zum ehemaligen Bahnhof von Roetgen folgen. Weiter geradeaus kommen wir zur B 258 und an ihr links zur Bushaltestelle und zur Tourist-Information von **Roetgen (7)**, 45 Min.

i *Die Gemeinde **Roetgen**, die mit dem Ortsteil Rott etwa 8000 Einwohner zählt, nennt sich das Eingangstor zur Eifel. Sie ist Ausgangspunkt für Wanderungen im Deutsch-Belgischen Naturpark Hohes Venn-Eifel.*

Blick auf Roetgen.

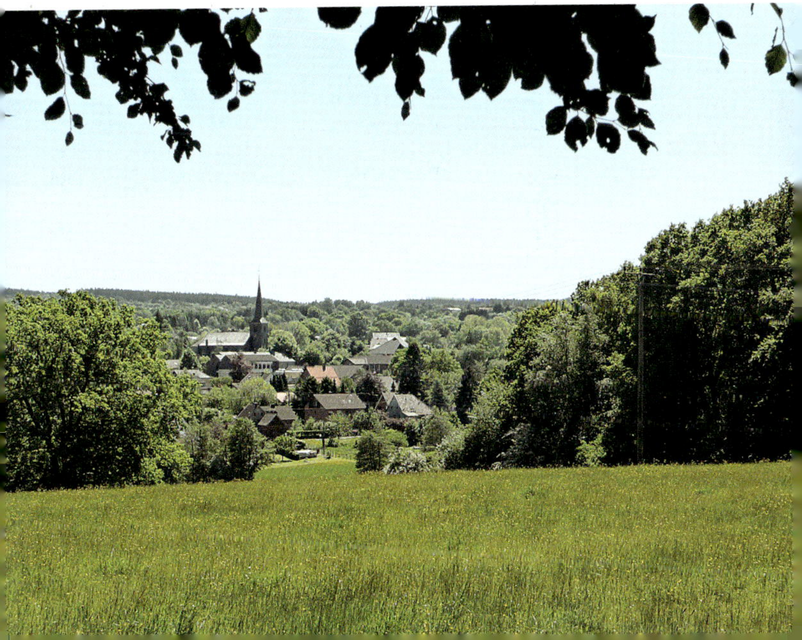

2 Von Roetgen nach Monschau

4.45 Std.
17,2 km

Ausflug nach Belgien

Die Etappe ist geprägt durch die Querung des Hochmoores des Hohen Venn auf belgischem Staatsgebiet zum Bilderbuchstädtchen Monschau.

Ausgangspunkt: Roetgen, 414 m. Erreichbar: Mit dem Auto von Aachen und A 44 AS 3 Aachen-Brand über B 258. – ÖPNV: Von Aachen Hbf. direkt mit Buslinie SB 63 oder über Aachen Bushof, umsteigen auf Schnellbuslinie SB 66. – Parken: An den Märkten südlich Hotel Alte Post/Tourist-Information an der B 258 oder am Alten Bahnhof.
Endpunkt: Monschau, 400 m. Rückfahrt über B 258 bzw. mit Schnellbuslinie SB 66 nach Roetgen, Kornelimünster und Aachen-Bf. Rothe Erde/Bushof. – Taxi Tel. 02472/803880 oder 970441.
Höhenunterschied: Aufstieg 370 m, Abstieg 385 m.
Anforderungen: Gleichmut auf eintönigen breiten Pisten im Hohen Venn – sofern man nicht die hier empfohlenen Varianten nutzt; geringe Höhenunterschiede.
Einkehr: In Roetgen, Mützenich, Monschau.
Unterkunft: Roetgen siehe Etappe 1. – **Monschau-Mützenich:** Kat. III: HR Venngasthof Zur Buche, www.venngasthof-zurbuche.de, Tel. 02472/1497; P Gästehaus Zum Stehling, www.zum-stehling.de, Tel. 02472/8025884. – Ferienwohnungen – **Monschau:** Kat. IV: H Michel & Friends Hotel, www.michelhotel-monschau.de, Tel. 02472/860; HR Graf Rolshausen, www.graf-rolshausen.de, Tel. 02472/2038; HR Horchem, www.hotelhorchem.com, Tel. 02472/80580; HR Lindenhof, www.lindenhof.de, Tel. 02472/4186. – Kat. III: HR Alt Montjoie, www.alt-montjoie.de, Tel. 02472/3289; Hotel Royal und Schloß-Cafe, www.hotelroyal.de, Tel. 02472/98770; Hg Haus Vecqueray, http://www.vecqueray-monschau.de, Tel. 02472/3179; B&B Der kleine Globetrotter, www.der-kleine-globetrotter.de, Tel. 0152/9757636. – JH: JH Burg Monschau, www.burg-monschau.jugendherberge.de, burg-monschau@jugendherberge.de, Tel. 02472/970390; JH Monschau-Hargard, www.monschau-hargard.jugendherberge.de, monschau-hargard@jugendherberge.de, Tel. 02472/970470.
Information: Roetgen siehe Etappe 1. – Monschau: Monschau-Touristik GmbH, www.monschau.de, touristik@monschau.de, Tel. 02472/80480.
Tipps: Stadtrundgang oder Stadtführung durch Monschau. – Stadtrundfahrt mit der Stadtbahn Monschau (www.stadtbahn-monschau.de, Tel. 02472/800010). – Scheibler-Museum Rotes Haus (Laufenstraße 10, großbürgerliche Wohnkultur des 18. Jh., geöffnet Karfreitag – 30. Nov., Di–So 10–17 Uhr, Tel. 02472/5071). – Besuch der historischen Senfmühle (Laufenstraße 116–124, Tel. 02472/2245, www.senfmuehle.de) mit Restaurant Schnabuleum (gehobene Küche, angenehme Atmosphäre, Tel. 02472/909840). – Besuch

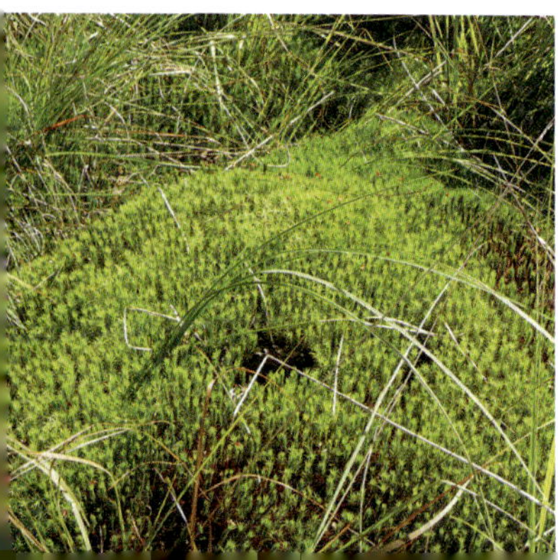

Moose im Hochmoor.

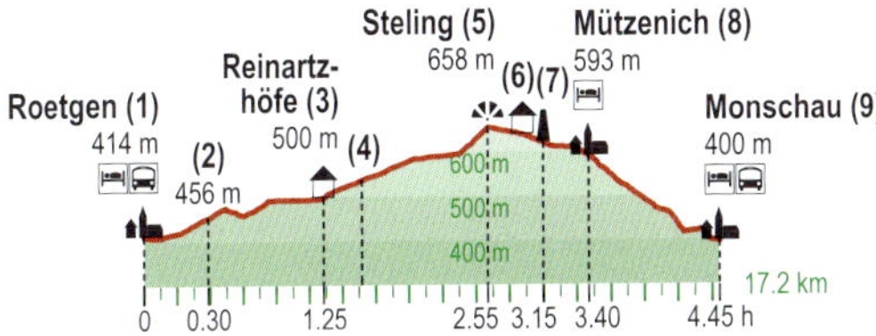

der historischen Caffee-Rösterei Wilhelm Maassen (Stadtstraße 24, Tel. 02472/ 8035880, www.caffee-roesterei.de). – Felsenkeller Brauerei Museum mit historischem Felsenkeller (Führungen und Bierprobe, St. Vither Straße 22–28, geöffnet Di–So; von Nov.–März nur Fr–So, 11–22 Uhr, Tel. 02472/3018). – Monschauer Glashütte & Handwerkermarkt (Burgau 15, www.monschauer-handwerkermarkt.de, Tel. 02472/990160). – Open Air Klassik auf der Burg Monschau (Opernaufführungen Anfang August, Tel. 02472/ 804828, www.monschau-klassik.de). – Monschauer Weihnachtsmarkt, 1.–4. Advent, Fr, Sa, So 11–20 Uhr.

Hinweis: Umleitung bei Jagden im Hohen Venn
Wenn im Hohen Venn auf belgischem Hoheitsgebiet Jagden stattfinden, wird der Eifelsteig dort gesperrt! Wanderer werden zwischen Roetgen und Mützenich über den Radweg umgeleitet, der die stillgelegte Trasse der Vennbahn nutzt. Eine besondere Beschilderung an Beginn und Ende der Umleitungsstrecke weist in diesen Fällen darauf hin. Die Umleitung kann jedoch nur eine Notlösung darstellen.
Die Sperrzeiten werden im Internet unter www.eifelsteig.de/Aktuelles/Umleitungen angekündigt. Es sollte erwogen werden, den Wandertermin daran auszurichten und ihn ggf. zu verlegen. Oder es sollte auf diese Etappe verzichtet und die Buslinie 166 nach Monschau in Anspruch genommen werden. Die gewonnene Zeit kann zur Erkundung des reizvollen Städtchens und seines breitgefächerten gastronomischen Angebots genutzt werden.

In **Roetgen (1)** bietet sich die B 258 in Höhe des Hotels Alte Post/Saunadorf und der Tourist-Information wegen der nahe gelegenen Bushaltestelle und der in der Nähe liegenden Parkmöglichkeiten (Märkte oder ehemaliger Bahnhof) als Startpunkt für die zweite Etappe des Eifelsteiges an. Wir folgen dem Postweg am Hotel Alte Post vorbei nach Süden und biegen rechts in die Wintergrünstraße ein. An deren Ende unterqueren wir die ehemalige **Vennbahn**, um sogleich scharf links einen Feldweg zu nehmen, der uns in Weidegelände hinein bringt. Vor der ersten Hecke führt ein Weg über die Weser zu einem Asphaltweg. Hier wenden wir uns nach links und nach ca. 200 m nach rechts in einen morastigen Erdweg, der sich zu einem grünen Tunnel wandelt. Am zweiten querenden Weg gehen wir links und haben endlich wieder festen Boden unter den Füßen. Er bringt uns nach **Schwerzfeld (2)**, 30 Min. Wir folgen der Querstraße nur etwa 60 m nach rechts und verlassen sie in einer Linkskurve nach rechts in den Hochwald. Hier haben wir die **deutsch-belgische Grenze** erreicht.

Nach dem verlorenen Ersten Weltkrieg wurden das Gebiet von Eupen und Malmedy wie auch die inzwischen stillgelegte Vennbahn Belgien zugeschlagen. Damit wurden Monschau und Roetgen sowie weitere Gemeinden zu Grenzorten. Darüber hinaus zerschnitt eine Staatsgrenze beidseits der Trasse der Vennbahn ihr Gemeindegebiet (siehe Eifelsteig-Karte). Die wichtige Straßenverbindung der B 258 verläuft zwischen Monschau und Roetgen über belgisches Gebiet. Nach dem Zweiten Weltkrieg trug diese kuriose und unübersichtliche Grenzziehung wesentlich zum blühenden Schmuggel bei. Heute ist die Grenze nicht mehr spürbar.

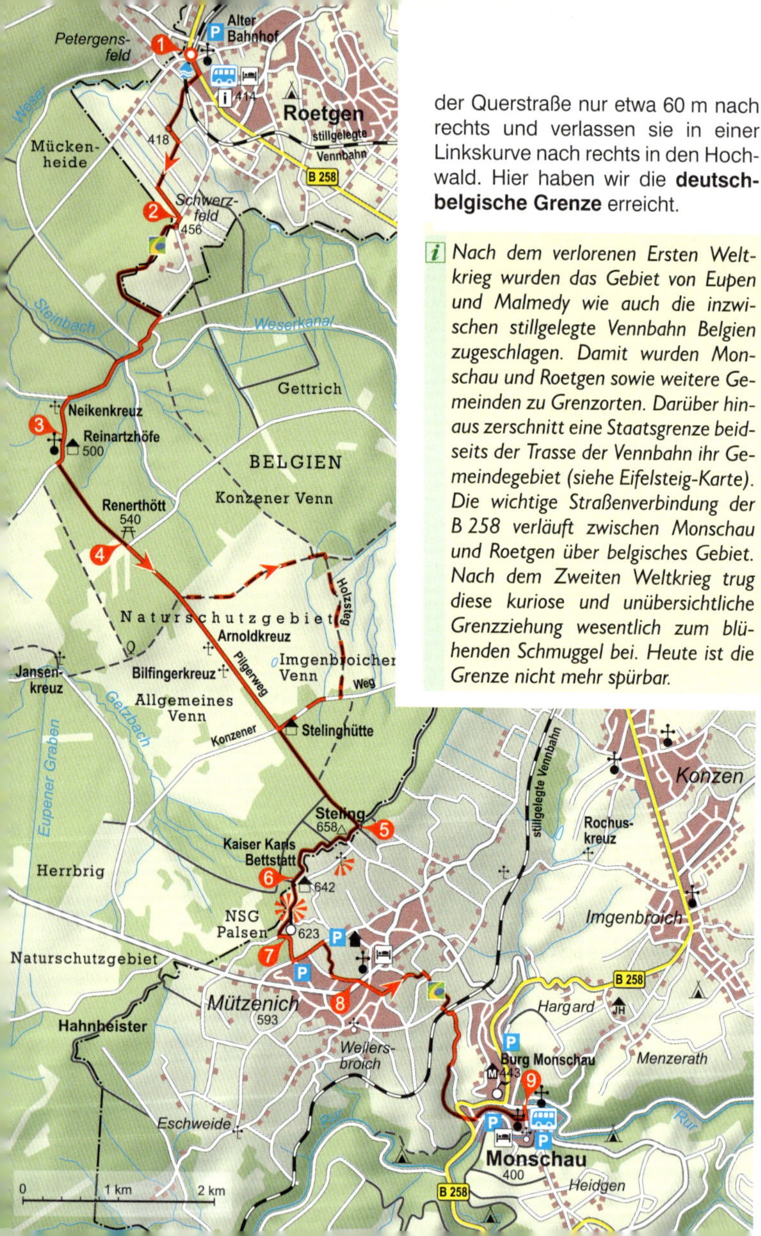

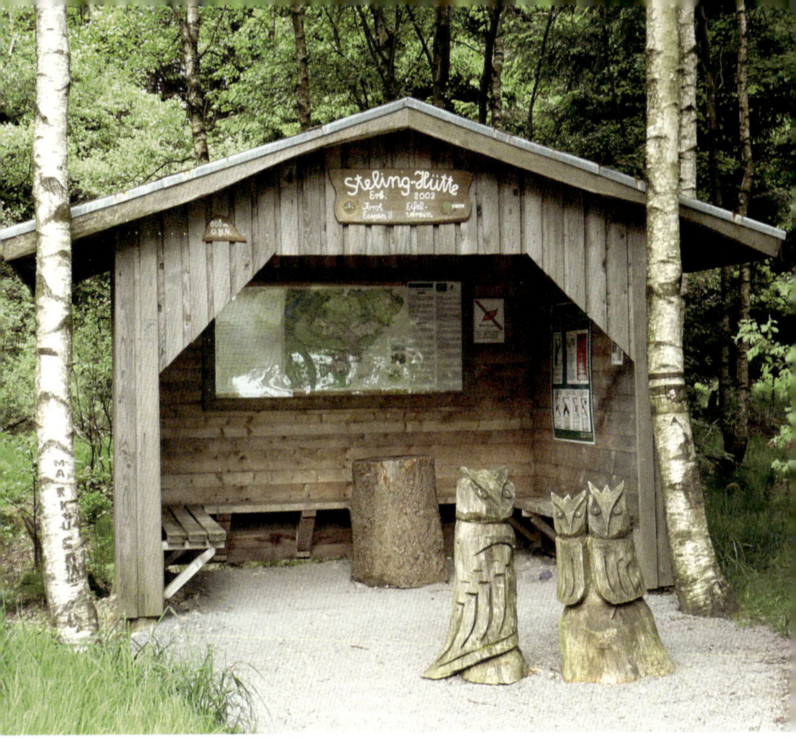

Stelinghütte im Hohen Venn.

In Belgien ist der Eifelsteig mit einem gelb-grünen Strich markiert! Die gelb-grüne Markierung führt uns halb links auf einen Waldweg, dessen Verlauf vorübergehend etwas undeutlich erkennbar ist. (Wir können uns zunächst zusätzlich an der rot-weiß-roten Markierung des NW-Weges orientieren.) Wir steigen sanft im Hochwald auf. An einem Grenzstein beginnt ein Wildschutzzaun, der gleichzeitig die Grenze bildet und dem wir ca. 300 m weit folgen. Durch Ilexwald und am Waldsaum entlang kommen wir zu einem Kiesweg, der uns nach links durch Weiden führt. Am querenden Teerweg wenden wir uns nach rechts, lassen die Grenzlinie an einer Schranke hinter uns und wandern endgültig nach Belgien hinein. Damit haben wir gleichzeitig das **Hohe Venn** erreicht.

Weht im Hohen Venn die rote Fahne am Fahnenmast, so bedeutet dies: Brandgefahr! Die befestigten Wege dürfen in diesem Fall nicht verlassen werden!

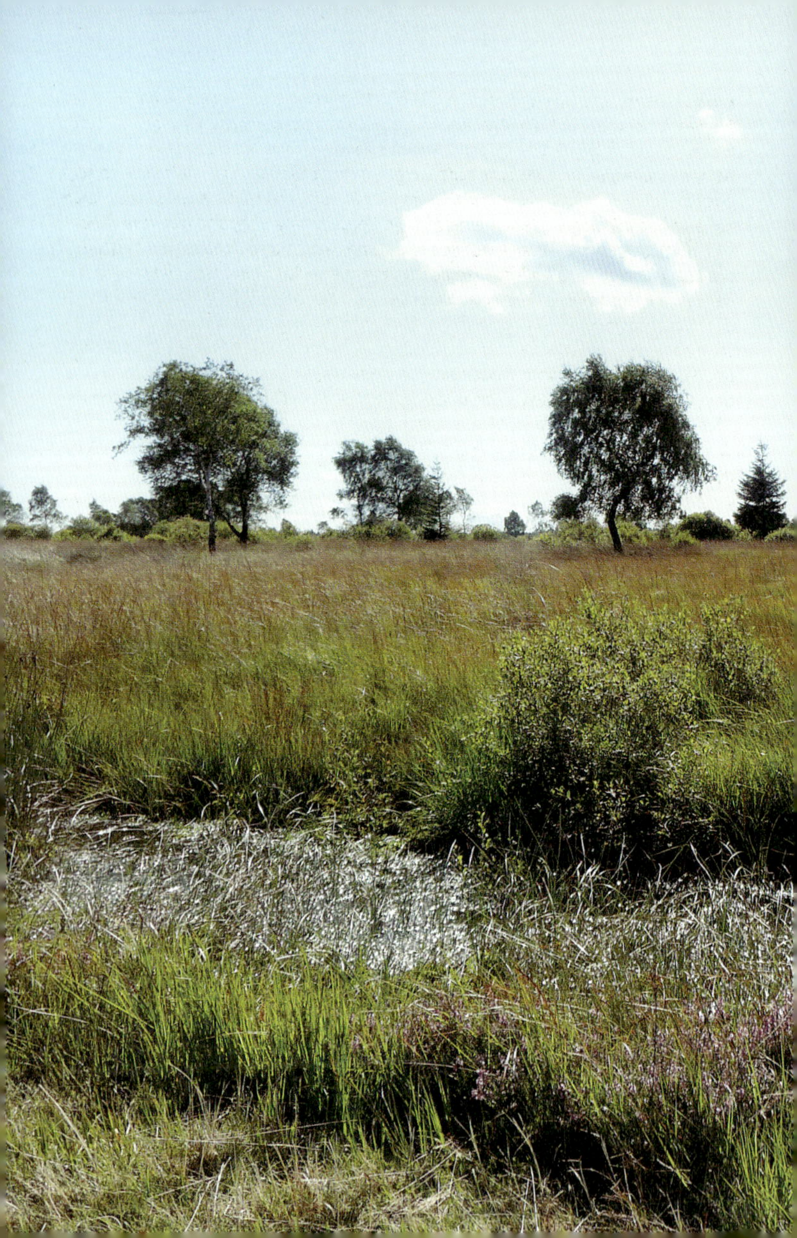

Hohes Venn: *Die schildförmig gewölbte Hochfläche des Hohen Venn (Hautes Fagne) ist bereits Teil der Ardennen. Als nordwestlichste Erhebung bis zu einer Höhe von fast 700 m reichend ist das Hohe Venn sehr niederschlagsreich. Die vom Atlantik herangeführte feuchte Luft steigt an ihrem Rande auf, kühlt sich ab und entlässt etwa 1500 mm Niederschlag im Jahr in Form von Regen oder Schnee. Den hohen Niederschlägen stehen eine geringe Verdunstung aufgrund des kühl-feuchten Klimas, geringe Versickerungen aufgrund wasserundurchlässiger Gesteinsschichten und geringe Abflüsse (Mulden) gegenüber. Auf dieser Grundlage sind seit der Eiszeit Hochmoore durch das Wachsen und Verrotten von Pflanzen, insbesondere von Moosen, die dicke Torfschichten gebildet haben, entstanden. Die typische Moorvegetation besteht überwiegend aus verschiedenen Heiden, Moorbirken und Buschheiden bis hin zum attraktiven Wollgras. Insbesondere im 19. Jh. wurde der größte Teil des Hohen Venn trockengelegt und kultiviert. Heute umfassen die Moorflächen noch etwa 4500 ha. Die Entwässerungsmaßnahmen ermöglichten die Beweidung und die flächenhafte Aufforstung mit Fichten. Die Forstverwaltung des Deutsch-Belgischen Naturparks Hohes Venn-Eifel ist bemüht, diese Entwicklung durch die Erhöhung des Laubholzanteils teilweise rückgängig zu machen (Infos: www.naturpark-eifel.de).*

Ein weiterer Nachteil: Das Venn wird zwischen dem Oberhof der Reinartzhöfe und dem Steling auf einem geradlinigen, breiten und streckenweise sogar asphaltierten Weg durchquert. Im Zuge der Zertifizierung des Eifelsteigs als Premiumwanderweg wurde hier eine parallele Spur für Wanderer angelegt. Man beachte die in diesem Führer nachfolgend vorgeschlagene naturnähere Variante zu diesem Streckenabschnitt. Die Variante beginnt etwa 700 m nach der Renerthött (siehe dort).
Auf dem offiziellen Eifelsteig queren wir den Steinbach, der seinen Namen zu Recht trägt und verlassen den Teerweg etwa 800 m später nach links zugunsten einer Schotterpiste. Wir passieren sogleich das Neikenkreuz und gelangen zur Wüstung der **Reinartzhöfe (3)**, 55 Min.

Auf die Standorte von Unterhof, Mittelhof und Oberhof der ***Reinartzhöfe*** *weisen alte Kastanien und Linden hin; vom Oberhof sind noch die Grundmauern zu sehen. Die Bauern wurden 1958 im Zuge der Inbetriebnahme der Wesertalsperre enteignet. Sie mussten ihren Betrieb einstellen und die Höfe verlassen, um die Trinkwasserqualität des Sees nicht zu beeinträchtigen. Das Weideland wurde daraufhin mit Fichten aufgeforstet. Am Mittelhof befinden sich eine Kapelle und eine Schutzhütte.*

An der Weggabelung nach dem Oberhof halten wir uns links und beginnen den 5 km langen geradlinigen Weg, wobei wir die »Wanderspur« nutzen

Im Hochmoor.

können. Wir passieren die geschlossene Waldarbeiterhütte **Renerthött (4)**, Rastmöglichkeit, und das offene Moor mit den schlichten Holzkreuzen von Arnold- und Bilfingerkreuz, bevor wir an der **Stelinghütte** rasten können. Dann steigen wir auf breitem Weg zum **Steling (5)**, 90 Min. hinauf.

Variante:
Empfehlenswert! 1,3 km oder 25 Min. länger. – Die Variante beginnt etwa 700 m nach der Renerthött am Beginn der offenen Moorfläche. (Informationstafeln zum Naturschutzgebiet und ein Fahnenmast. Wenn an diesem Fahnenmast die rote Fahne weht, darf der nun beschriebene Weg nicht begangen werden!)
Wir biegen halb links auf einen grasbewachsenen Damm ab und folgen der Markierung »blaue Raute« durch das überwiegend naturbelassene Venn. Nach gut 1,5 km verlassen wir den breiten Damm nach rechts zugunsten eines schmalen Holzsteges (rote Raute), der uns sehr angenehm zunächst durch Niederwald und schließlich durch das offene Moor führt. Am Ende des Holzsteges quert ein Asphaltweg (Konzener Weg). Diesem Weg folgen wir nach rechts, bis wir nach 750 m an der **Stelinghütte** wieder auf den (von rechts kommenden) Eifelsteig treffen und mit ihm zum Steling aufsteigen.

Am Gipfel des Steling wenden wir uns nach rechts auf einen Schotterweg und anschließend in den Wald und wandern auf holprigem Pfad auf der deutsch-belgischen Grenze zu **Kaiser Karls Bettstatt (6)** hinab (642 m, 15 Min., Rastplatz, Schutzhütte; diesen Punkt kann man auf befestigten Wirtschaftswegen auch über den Eifel-Blick erreichen).

i *Der Legende nach soll Kaiser Karl der Große, nachdem er sich bei einem Jagdausflug im Venn verirrt hatte, eine Nacht auf dem Quarzitfelsen geruht haben.*

Nach wenigen Metern biegen wir links in einen sehr schmalen Pfad ein, der uns entlang einer Viehweide zu einem befestigten Weg bringt, dem wir nach rechts folgen. Wo dieser Weg in einen Asphaltweg übergeht (viele Wegweiser!), biegen wir rechts auf einen Schotterweg ab und kommen zum **Aussichtsturm Mützenich (7)**, 5 Min. Vom Turm bietet sich eine schöne Aussicht über das Hochmoor des Palsen (NSG). Palsen sind eiszeitliche Frosthügel; Schautafeln klären über die Entstehung auf.
Scharf links führt ein Schotterweg nach Mützenich hinab. Der ersten querenden Straße folgen wir nach links, bis wir rechts in den Erdweg der Renertzgasse einbiegen. Bereits wieder auf Asphalt, kreuzen wir die Dorfstraße (Eupener Straße) in **Mützenich (8)**, 20 Min. in der Nähe des ehemaligen Gasthauses Nassenhof.
Es geht weiter abwärts, bald auf schönen, schmalen Pfaden am Kleinen Laufenbach hinunter, bis wir den Damm der Vennbahn auf einer Asphalt-

straße unterqueren können. Am Wegweiser Lauscherbüchel wandern wir rechts auf einem Schotterweg weiter zu Tal, bis wir (Achtung!) am Beginn der Bebauung rechts abbiegen und den Kleinen Laufenbach auf einem Steg überqueren. Nun führt uns ein Pfad durch den Wald zur B 258 hinab. Wir wechseln die Straßenseite und gehen rechts einige Meter abwärts, bis uns links ein Pfad zum Brauereigelände bringt. Nun wieder in der Straße »Unterer Kalk« hinauf und durch das Tor des Esselturmes in die **Monschauer Burg** (443 m, 50 Min.). Dort haben wir einen herrlichen Blick auf die Dachlandschaft des Städtchens. Wir gehen bis zum Maria-Hilf-Stift vor und gelangen über den Burgweg schließlich hinab in das Zentrum von **Monschau (9)** und zur Brücke über die Rur (400 m, 5 Min., zahlreiche Einkehrmöglichkeiten).

Kaiser Karls Bettstatt.

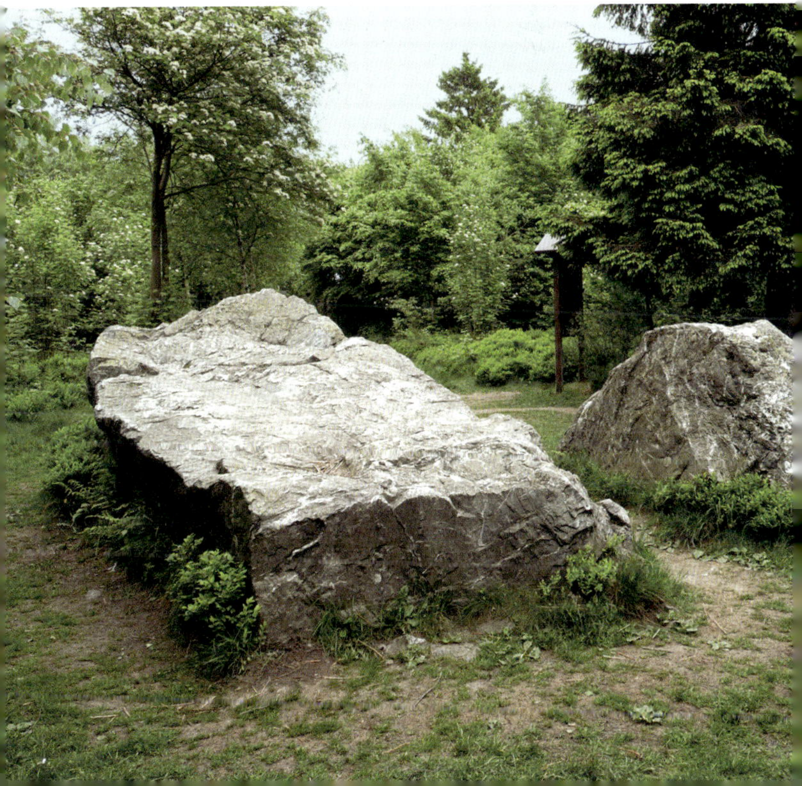

Porträt: Monschau – Perle der Eifel

Monschau ist berühmt wegen seines geschlossenen historischen Stadtbildes aus schiefergedeckten Fachwerkhäusern und engen Gassen in der Felsenschlucht der Rur. Mit seinen sieben Ortsteilen zählt Monschau etwa 12.600 Einwohner, im Städtchen selbst leben jedoch lediglich 1700 Menschen. Der Ort trug im Laufe seiner Geschichte unterschiedliche Namen und Schreibweisen. Erst im Jahre 1918 wurde das damalige Montjoie in Monschau umbenannt.

Die Anfänge der Besiedlung liegen im Dunkel der Geschichte. Im Jahr 1198 wird der Ort erstmals erwähnt, der 1352 Stadtrechte erhält. Die Burg ist erst seit Beginn des 13. Jh. nachweisbar. Im Jahre 1433 fiel die Herrschaft Monschau an die Grafen von Jülich, die Burg wurde ausgebaut. In der Jülicher Fehde wurden Burg und Stadt von den Truppen Kaiser Karls V. 1543 mit schwerem Geschütz beschossen und eingenommen. 1685 kam Monschau an die Kurpfalz und wurde dementsprechend im Pfälzischen Erbfolgekrieg 1689 von den Truppen Ludwigs XIV. heimgesucht. Im Jahre 1795 zogen französische Revolutionstruppen ein, die Stadt wurde Sitz eines französischen Kantons. Mit der preußischen Regierung 1815 wurde Monschau Kreisstadt und behielt diese Funktion bis zur kommunalen Gebietsreform in

Eifel-Blick Kierberg.

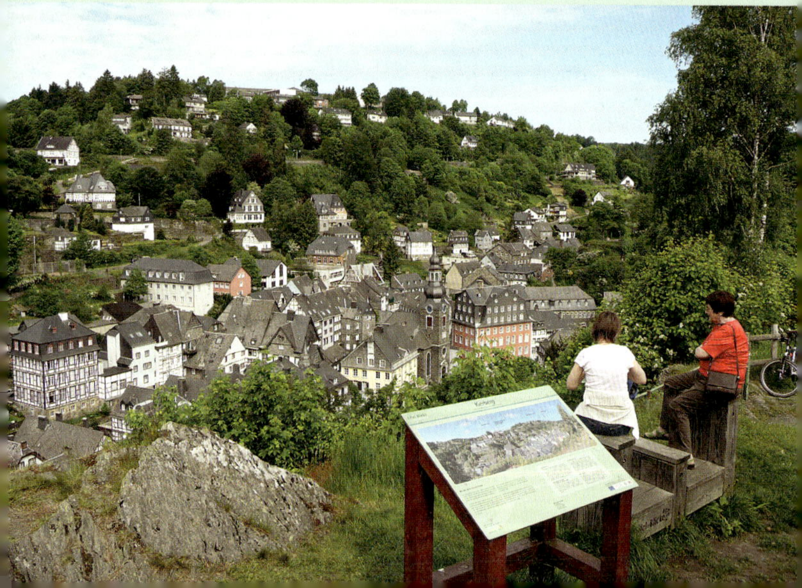

Nordrhein-Westfalen im Jahre 1972, die auch durch die Eingliederung von sechs Gemeinden die heutige Stadt schuf.
Ab dem 16. Jh. entwickelte sich in Monschau die Tuchherstellung. Nachdem der Rat der Stadt Aachen die Protestanten aus der Stadt vertrieben hatte, wurden sie von den verfeindeten Herzögen von Jülich aufgenommen. Die Tuchmacher fanden in Monschau nicht nur Religions- und Zunftfreiheit, sondern auch gutes Wasser und Wolle von den Schafen aus dem Venn. Wirtschaftlicher Aufschwung und Wohlstand stellten sich ein, als Importwolle zu Feintuch versponnen wurde. Die in der Blütezeit im 18. Jh. erbauten großbürgerlichen Häuser der Tuchmacher, die gleichermaßen Wohnhaus, Kontor, Fabrikations- und Lagerhaus waren, bestimmen noch heute das Stadtbild von Monschau. Das repräsentativste Gebäude ist jenes des Johann Christian Scheibler, das Rote Haus von 1760 an der Mündung des Laufenbachs in die Rur. Scheibler war auch der Begründer der industriellen Tuchherstellung in Monschau. Die letzte Textilfabrik schloss 1982 ihre Pforten auf dem Gelände des heutigen Handwerkermarktes in Burgau. Da der Niedergang der Tuchindustrie und damit der Stadt bereits in napoleonischer Zeit begann, wurde das im 18. Jh. entstandene Stadtbild nicht durch Neubauten verändert und ist nun, 250 Jahre später, ein Anziehungspunkt für Touristen.

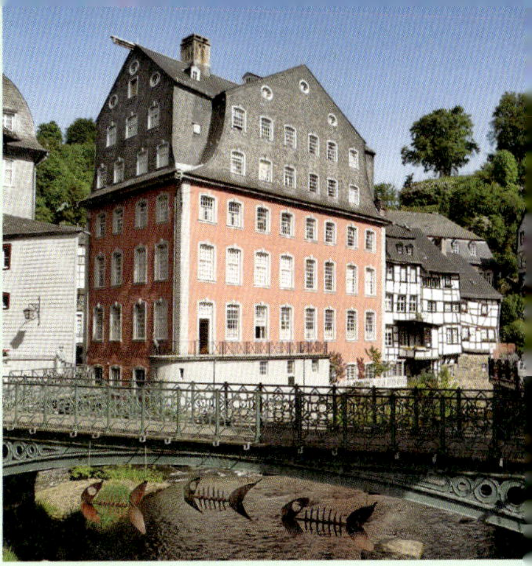

Rotes Haus mit Rurbrücke.

- Touristische Tipps: Siehe Informationsblock der zweiten Etappe.
- Information: Monschau Touristik GmbH, Stadtstraße 16, 52156 Monschau, Tel. 02472/8048-0, touristik@monschau.de, www.monschau.de.

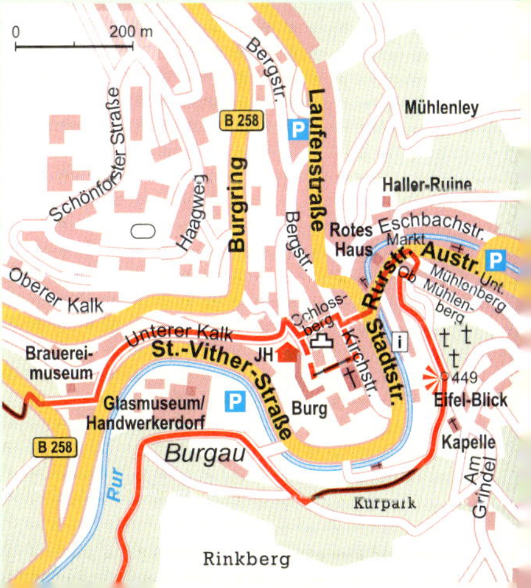

3 Von Monschau nach Einruhr

6.45 Std.
24,4 km

Wasser und Fels

Die heutige lange Wanderung folgt im Wesentlichen dem Lauf der Rur und ihrer Zuflüsse bis zum Rurtalstausee. Beim Aufstieg aus dem Tal blicken wir zunächst auf die Dachlandschaft von Monschau. Es folgen schöne schmale Waldpfade im Hang des Perlenautales. Über die Hochfläche des Heckenlandes um Höfen steigen wir zur Rur hinab und folgen ihr mal am Ufer, mal in der Höhe, bis sie bei Einruhr vom Obersee als Teil der Ruhrtalsperre aufgenommen wird.

Ausgangspunkt: Monschau, 400 m. Erreichbar: Mit dem Auto: Von Aachen B 258; von Köln/Bonn A 1 – B 266 oder B 258; von Trier A 1 – A 62 – B 265 – N 658 – B 258. – ÖPNV: Von Aachen, Kornelimünster, Roetgen Schnellbuslinie SB 66. – Parken: Vor den Eingängen zur Altstadt (gebührenpflichtig, Tagesticket); von Norden kommend im Parkhaus Seidenfabrik an der Laufenstraße; von Südwesten am Handwerkerdorf in Burgau; von Osten (Höfen) am Aukloster.

Endpunkt: Simmerath-Einruhr, 285 m. Rückfahrt nach Monschau: Buslinie 83

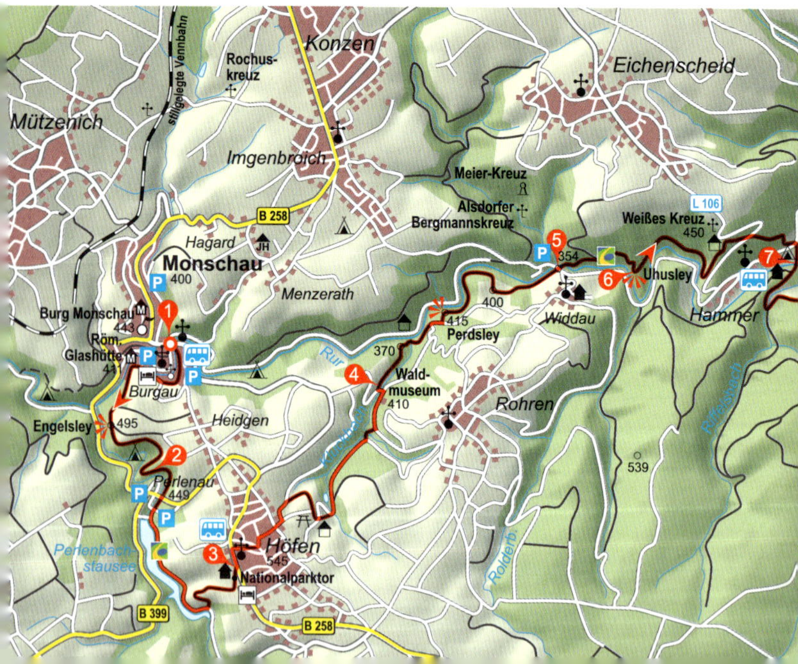

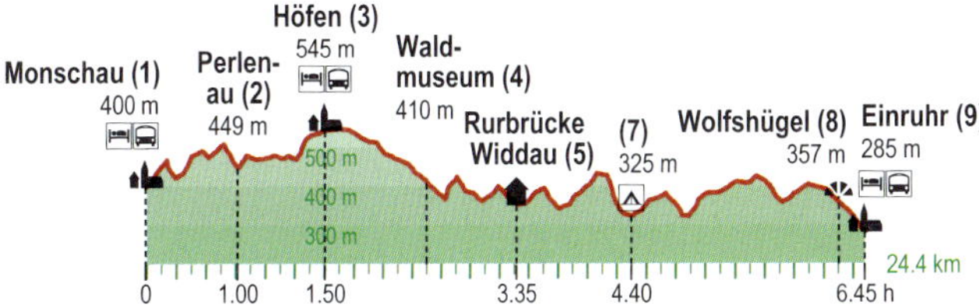

bis Simmerath Bushof/Linie 82 nach Monschau. – Taxi Simmerath Tel. 02473/929272.

Höhenunterschied: Aufstieg 785 m, Abstieg 900 m.

Anforderungen: Die lange, abwechslungsreiche Tour mit vielen Auf- und Abstiegen verlangt Ausdauer.

Einkehr: In Monschau, Burgau, Höfen. Café-Bistro Grünental an der Rurbrücke Widdau, geöffnet März–Dez. Do 10–18 Uhr, Fr–So 10–22 Uhr, Tel. 02472/8025106. In Hammer, Dedenborn (etwas abseits), Einruhr.

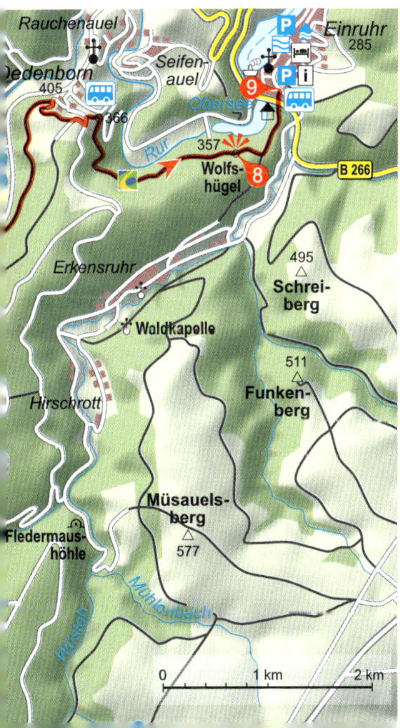

Unterkunft: Monschau siehe Etappe 2. – Nach ca. 6,5 km Monschau-Höfen: Kat. III: HR Sporthotel Prümmer, www.sporthotel-pruemmer.de, Tel. 02472/2298; HR Haus Vennblick, www.hausvennblick.de, Tel. 02472/2295. – Kat. II: P Zum müden Wandersmann, Tel. 02472/2432. – **Simmerath-Einruhr:** Kat. IV: HR Seemöwe, www.hotel-seemoewe.de, Tel. 02485/271; HR Haus am See, www. hausamseeeifel.de, Tel. 02485/95050. – Kat. III: HR Schütt, www.hotel-schuett.de, Tel. 02485/213. – Kat. II: HR Alt Einruhr, Tel. 02485/1512. – Jugendherberge: ca. 3,5 km von Einruhr, abseits des Steigs: JH Simmerath-Rurberg, www.rurberg.jugendherberge.de, Tel. 02473/938710. – **Camping:** Perlenau (Zufahrt von B 258 südlich Monschau), www.monschau-perlenau.de, Tel. 02472/4136; Camp Hammer in Simmerath-Hammer, www.camp-hammer.de, Tel. 02473/9290 41.

Information: Monschauer Land Touristik, www.eifel-tipp.de, info@eifel-tipp.de, Hotline Tel. 0180/501 25 00, Tel. 02473/93770. – Nationalpark-Tor Monschau-Höfen, Tel. 02472/8025779. – Rursee-Touristik GmbH, www.rursee.de, info@rursee.de, Tel. 02473/93770.

Tipps: Schifffahrt auf dem Obersee und Rursee in Flammen Mitte Juli (www.rursee-schiffahrt.de, Tel. 02446/479). – Verschiedenartige Führungen im Nationalpark Eifel (Jahresveranstaltungsbroschüre »Wald, Wasser, Wildnis«, Nationalparkforstamt Eifel, Tel. 02444/95100, www.nationalpark-eifel.de).

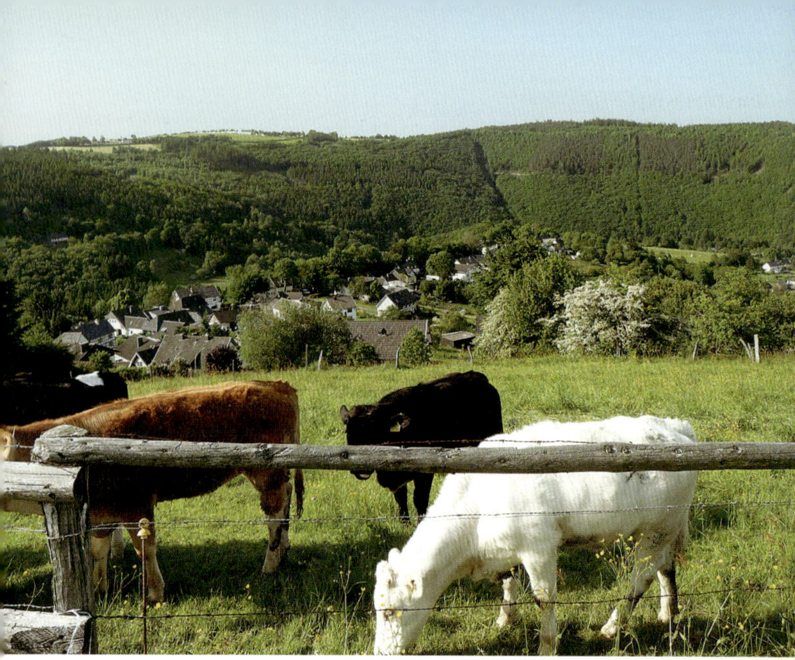

Weidewirtschaft über dem Rurtal.

Wir starten in der **Altstadt** von **Monschau (1)** an der Rurbrücke (400 m) und begeben uns durch die Rurstraße zum Markt. Hier steigen wir rechts zwischen zwei Restaurants eine Treppe zum Oberen Mühlenberg hinauf und nach ca. 50 m rechts ins »Rusejässje«. An dessen Ende folgen wir einem Pfad hinauf zu einem ersten Aussichtspunkt und weiter aufwärts zum **Eifel-Blick** auf dem **Kierberg** (449 m), wo ein noch schöneres Panorama auf die Stadt und die Burg auf uns wartet. Der Pfad zieht an einer Kapelle vorbei weiter empor bis zu einem dünnen Wasserfall. Dann wandern wir auf einem Waldweg, zuletzt auf einer Straße abwärts bis vor die Römische Glashütte in **Burgau** (411 m, 20 Min., Einkehrmöglichkeit, Parkplatz).
Links vor dem Parkdeck geht es zunächst steil bergan und dann auf einem wunderschönen Waldpfad mit geringen Höhenunterschieden im felsigen Hang entlang. Wir passieren eine Stele, die die Tuchmacherproduktion in Monschau-Burgau erläutert, und erreichen die felsigen Aussichtspunkte **Teufelsley** und **Engelsley** (495 m), die Blicke ins Perlenbachtal bieten. Wir wandern weiter im Hang, bis wir am Holzwegweiser »Jahrhundertweg« auf schmalem, steilem Pfad nach **Perlenau (2)** absteigen (449 m, 40 Min.).

Ein Waldweg führt am Perlenbach aufwärts. Kurz nutzen wir eine Straße und laufen rechts weiter zum Damm des **Perlenbachstausees**. Auf einem breiten Schotterweg wandern wir am See entlang, bis wir scharf links zur Hochfläche und nach **Höfen (3)** hinaufgeführt werden (545 m, 50 Min., Nationalparktor, Einkehrmöglichkeiten, Buslinie 84). Wir gehen auf der Hauptstraße nach links und verlassen sie hinter der Kirche nach rechts in die Schmiedegasse. In Höfen erhalten wir einen Eindruck von den hier typischen Hainbuchenhecken, wenn wir links in die Triftstraße, dann rechts in die »Pferdebahn« und in ihr bald wieder rechts einbiegen. Wir folgen dabei der Beschilderung des Heckenweges in die freie Landschaft, wo wir einen Bogen durch Wiesen beschreiben und zu einem **Rastplatz** mit Informationstafeln zum Höfener Heckenweg gelangen.
Achtung! Dort führt ein unscheinbarer Pfad im Wald zum **Kluckbach** hinab. Wir umgehen Teiche im Linksbogen und wandern auf Schotter das Kluckbachtal hinaus. In einer Rechtskurve verlassen wir – Achtung! – den Schotterweg nach links auf einen Pfad und queren ein Seitental des Kluckbaches. Anschließend folgen wir weiter dem Kluckbach rechtsseitig bis zum **Waldmuseum (4)**, ab dort links des Baches bis zu seiner **Mündung** in die **Rur** (370 m, 60 Min., idyllischer Platz, Schutzhütte jenseits der Rur).

Haushecke in Höfen (Vennlandhof).

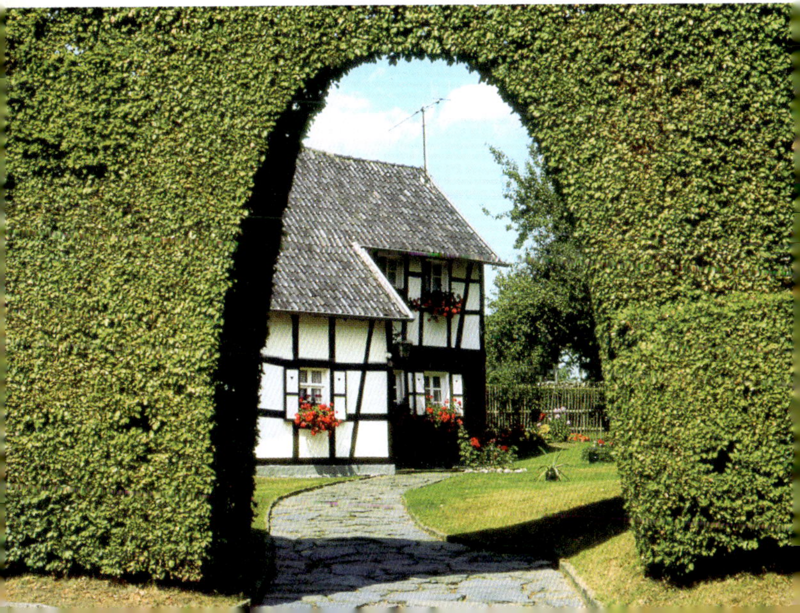

Nach der Überquerung des Kluckbaches folgt ein steiler Aufstieg zur **Perdsley** (415 m), deren Aussichtsfelsen sich ca. 50 m links des Eifelsteiges befindet. (Eifelblick ins Rurtal, wobei sich der Fluss unter einem Blätterdach verbirgt.) Wir folgen dem Forstweg abwärts, vor einer Pferdekoppel links hinab und durch den Wald zur Rur und auf schmalem Pfad dicht an ihrem Ufer entlang. Danach geht es im Wald wieder aufwärts und aus ihm hinaus in Wiesengelände. An einer Bank und am Beginn eines Betonweges zweigt der Eifelsteig links ab und durch Wald abwärts zur **Rurbrücke** bei **Widdau (5)**, 45 Min. Wir überqueren die Brücke und folgen der **Rur** am linken Ufer in Fließrichtung. Doch schon bald beginnt ein langer Aufstieg im bewaldeten Hang. Der Weg verläuft nun hoch im felsigen Hang ohne größere Höhenunterschiede zur Uhusley **(6)**. An »Sinnesbänken« (anatomisch gestaltete Liegebänke) können wir ausruhen und einen Ausblick ins Rurtal genießen. Von dort ist es nicht mehr weit bis zur L 106. Hier schickt uns die Markierung nach links entlang der Straße auf einem schmalen Pfad steil bergan und bevor wir die L 106 ein zweites Mal erreichen (oberhalb befindet sich das Weiße Kreuz mit Schutzhütte und schöner Aussicht), nach rechts auf einem Waldweg wieder talwärts. Dabei kreuzen wir die L 106 und treffen später am Friedhof von **Hammer** (338 m, 65 Min.) nochmals auf sie.

Wir laufen an der L 106 nach links (Bushaltestelle Linie 83) und danach zum **Campingplatz** (Bistro und Kiosk) und zur Rurbrücke Hammer **(7)** hinab. Jenseits des Flusses nimmt uns halb rechts ein verschlammter Hohlweg auf. Nachdem wir den Riffelsbach auf einem Steg überwunden haben, biegen wir an einer Bank und einem großen hölzernen Wegweiser scharf links ab. Der Weg steigt zunächst an, verläuft dann ziemlich eben im Hang, wieder hinab und auf Betonwegen durch die Talwiesen der Rur. Dann wiederholt sich das Spiel: Es geht im Hang des Rurtals hinauf und dann fast höhengleich bis zu den ersten Häusern von **Dedenborn** (405 m, 70 Min., 600 m zur Ortsmitte: Einkehrmöglichkeit, Buslinie 83).

Der Eifelsteig zweigt scharf rechts aufwärts auf einer Erschließungsstraße ab. Am Wasserhochbehälter vorbei gelangen wir auf einem aussichtsreichen Feldweg oberhalb des Dorfes zum anderen Ortsende. Hier steigen wir links auf einem sehr kurzen Pfad ab. Wenige Meter danach führt in der Linkskurve der Straße (Achtung!) rechts ein Weg zu einem Kreuz hinab. Hier biegen wir wiederum rechts in einen wunderschönen Grasweg ein, der zunächst durch Weiden verläuft und sich dann als Pfad durch den Wald fortsetzt. Den **Eifel-Blick Wolfshügel (8)**, 357 m, einen Ausblick erster Güte auf Einruhr und den Obersee, erreichen wir bereits wieder auf breiterem Weg. Nach 200 m steigen wir an einer Wegkreuzung links ab, zunächst auf breitem Weg, dann auf einem schmalen Serpentinenpfad, der nochmals zwei Aussichtspunkte und eine Schutzhütte bietet. Im Talgrund gehen wir rechts über eine Brücke und die B 266 nach **Einruhr (9)**, 55 Min. (Hotels und Gaststätten, Bushaltestelle) hinein.

Porträt: Das Talsperrensystem der Nordeifel

In der Nordeifel wurden mit Beginn des 20. Jh. neun Talsperren errichtet. Die Wasserflächen der großen Sperren, der Rurtalstausee einschließlich des Obersees und der Urfttalstausee prägen das Landschaftsbild. Der Eifelsteig berührt die Dreilägerbachtalsperre (Etappe 1), den kleinen Perlenbachstausee (Etappe 3) sowie den Obersee der Rurtalsperre und die Urfttalsperre (Etappe 4). Die Funktionen der Stauseen sind vielfältig. Die Eifel ist mit einem Jahresmittel von 1300 mm einerseits sehr niederschlagsreich, andererseits führen die hohe Reliefenergie des Mittelgebirges, die dünne Bodendecke und Hartgesteine mit geringem Speichervermögen zu schnellen und hohen Abflüssen der Niederschläge. Die Folge sind häufige Hochwasser mit Überschwemmungen, aber auch zu geringer Wasserabfluss mit Austrocknungen und Wassermangel für Landwirtschaft, Papier- und Textilindustrie und Haushalte.
Nach den Plänen des Aachener Professors Otto Intze wurde deshalb 1900–1905 die Urfttalsperre gebaut. Sie ist als gekrümmte Gewichtsstaumauer konstruiert, 58 m hoch, mit einer 226 m langen Mauerkrone und war damals mit einem Stauvolumen von 45,5 Mio. m³ die größte Talsperre Europas. Der Bau wurde mit der Stromerzeugung finanziert. Heute stehen die Talsperren miteinander im Verbund. Dadurch kann z. B. der Hochwasserabfluss in der Rur von rechnerisch 450 m³/sec auf 60 m³/sec reduziert, andererseits in Trockenzeiten der Wasserdurchfluss um 5 m³/sec erhöht werden. Ein Teil der Sperren dient der Wasserversorgung des Raumes Aachen bis Düren. Die Wasserkraftwerke decken Spitzenlasten in der Stromversorgung ab. Der Rursee ist eine Attraktion für wassergebundene Freizeitgestaltung.

Urfttalsperre.

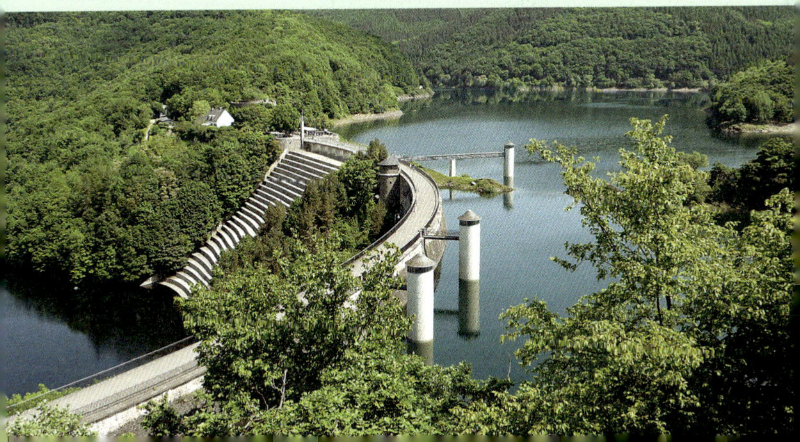

4 Von Einruhr nach Gemünd

6.00 Std.
21,3 km

Durch den Nationalpark Eifel

Die Wanderung durch Wald und die offene Landschaft eines ehemaligen Truppenübungsplatzes wird geprägt durch Blicke auf den Obersee und die Urfttalsperre. Auf unterschiedliche Weise beeindrucken die Urfttalstaumauer, die Wüstung WollseifenWollseifen und die Burg Vogelsang.

Ausgangspunkt: Simmerath-Einruhr, 285 m. Erreichbar: Mit Auto: Von Aachen B 258 – B 266; von Euskirchen B 266; von Trier A 1 – A 60 – B 265 – B 266. – ÖPNV: Von Aachen Bushof und Hbf. Schnellbus SB 63 oder von Aachen Bushof und Bf. Rothe Erde Buslinie 68 – Kornelimünster – Roetgen – Simmerath Bushof/Linien 63 und 83 – Einruhr. – Parken: Begrenzte Anzahl Dauerparkplätze an der B 266.

Endpunkt: Schleiden-Gemünd, 335 m. Rückfahrt nach Simmerath-Einruhr: B 266 bzw. Buslinie 63 ab Kirche an der B266. – Taxi Tel. 02444/2721 oder 02444/1220.

Höhenunterschied: Aufstieg 670 m, Abstieg 620 m.

Anforderungen: Mittellange Wanderung auf ganz überwiegend breiten Wegen, im Bereich des ehemaligen Truppenübungsplatzes der Sonne ausgesetzt.

Einkehr: Einruhr: Ausflugslokal Urfttalsperre (Tel. 0171/7905776). In Vogelsang, Morsbach (Bauerncafé im Morsbacher Hof, Sa–Mo 9–18 Uhr, Tel. 02444/912965), Gemünd.

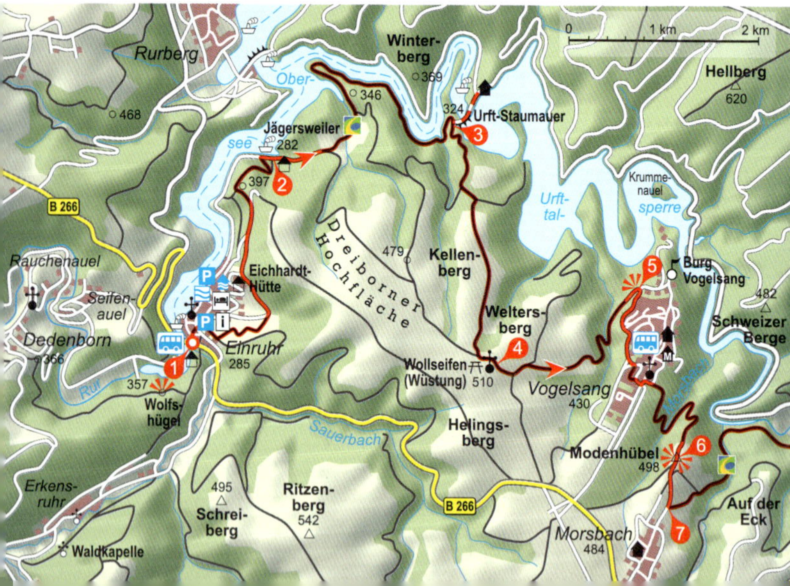

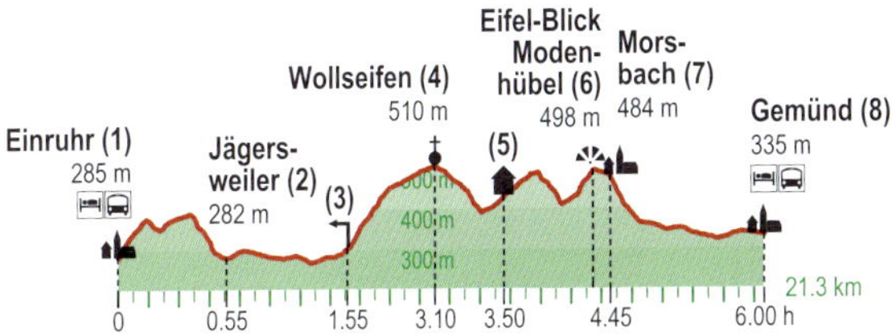

Unterkunft: **Einruhr** siehe Etappe 3. – **Schleiden-Gemünd:** Kat. IV: HR Kurparkhotel Schleiden-Gemünd, www.kurparkhotel-schleiden.de, Tel. 02444/95110; HR Friedrichs, www.hotel-friedrichs.de, Tel. 02444/950950. – Kat. III: HR Zum Urfttal, www.urft-hotel.de, Tel. 02444/9595-0; HR Salzberg, www.hotelhaus-salzberg.de, Tel. 02444/494; HR Dahmen, Tel. 02444/2751. – JH Gemünd, www.gemuend.jugendherberge.de, Tel. 02444/2241. – Wohnmobilhafen am Nationalpark Eifel, Tel. 0174/7167067, www.womo-nationalpark-eifel.eu.

Information: Tourist-Information im Nationalpark-Tor Gemünd, www.nordeifel-tourismus.de, Tel. 02444/2011.

Tipps: Unverzichtbarer Abstecher über die Krone der Urfttalsperre: Restaurant und Erläuterungstafeln zum Talsperrensystem in der Nordeifel. – Besichtigung der ehemaligen NS-Ordensburg Vogelsang. – Relaxen in den Kureinrichtungen von Gemünd.

In **Einruhr (1)** starten wir an der Bushaltestelle zu unserer Wanderung nach Gemünd. Wir laufen Richtung Ortsmitte und steigen hinter dem Hotel Alt Einruhr das Konsumspättche hinauf. Anschließend folgen wir rechts der Wohnstraße »Wilhelmsgarten« und gehen vor deren Ende links in einen Pfad bis zu einer Bank, dort wieder links. Es geht nun durch Weiden stufenweise zum Waldrand empor, wobei wir die ganze Zeit auf Einruhr und den Obersee hinabblicken können. Dann folgen wir einem Asphaltweg, der vom Ort heraufzieht, in den Wald. Der Eifelsteig macht auf einem Grasweg einen winzigen Umweg zur **Eichhardt-Hütte** und wir folgen weiter unserem leicht ansteigenden Weg. Bevor er eine Rechtskurve macht, zweigen wir im stumpfen Winkel links hinunter ab. An einer weiteren Schutzhütte wenden wir uns links und laufen am Waldrand durch eine Wiese Richtung See abwärts und treffen auf einen Schotterweg. Etwa 20 m hinter diesem verbirgt sich der **Schiffsanleger Jägersweiler (2)**, 55 Min., ein idyllischer Ort.

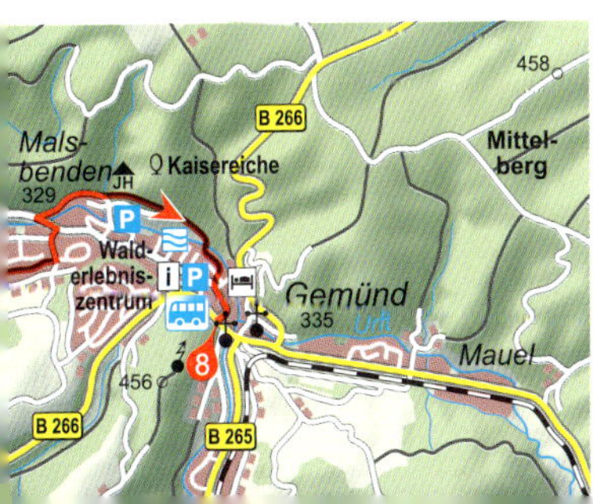

Wir folgen dem Schotterweg nach Osten und passieren bald das Tor des ehemaligen **Truppenübungsplatzes Dreiborner Hochfläche**. Schilder weisen uns eindringlich darauf hin, den Weg wegen möglicher Munitionsreste nicht zu verlassen. Ziemlich eben geht es durch offe

nes Gelände und dann durch Wald am Ufer des Obersees entlang, bis unvermittelt der Aufstieg nach Wollseifen beginnt. Kurz nach Beginn des steilen Aufschwungs weist an einer Schautafel ein großer hölzerner Wegweiser auf den **Abzweig** zur **Urfttalsperre (3)** hin. Diesen lohnenden **Abstecher** sollten wir uns keinesfalls entgehen lassen! Nach kurzem Aufstieg stehen wir auf der Staumauer, an deren nördlichem Ende wir ein Restaurant, einen Kiosk, Bänke zum Rasten und ausgiebige Informationen über Geschichte und Funktionen des Stauseesystems der Nordeifel finden (324 m, 80 Min.). Über den See hinweg erkennen wir bereits unser übernächstes Wanderziel, die Burg Vogelsang.
Wir kehren zum Eifelsteig zurück und setzen unseren fast 3 km langen Aufstieg nach Wollseifen fort. Sehr bald verlassen wir den Wald und laufen durch Ginsterheide, deren Blüten die Dreiborner Hochfläche im Frühjahr in ein gelbes Meer verwandeln, bergan. Dies kann an heißen Sommertagen, da weit und breit kein Schatten vorhanden ist, sehr schweißtreibend sein. Burg Vogelsang kommt erneut ins Blickfeld. Dann erreichen wir die ersten Häuser und die Kirche (510 m, 55 Min., Rastplatz) von **Wollseifen (4)**.

i *Bei den Häusern von **Wollseifen** handelt es sich ausschließlich um Rohbauten, die errichtet wurden, um Häuserkampf zu üben. Der ursprüngliche Ort ist eine Wüstung. Bei Kämpfen gegen Ende des Zweiten Weltkrieges wurde der Ort stark zerstört. Viele Einwohner verloren ihr Leben. Nach dem Krieg wurde die Dreiborner Hochfläche Truppenübungsplatz. Die verbliebenen Einwohner mussten ihr Dorf verlassen. Nachdem im Jahre 2005 die belgischen Truppen abgezogen waren und der Übungsplatz aufgehoben wurde, ist die Dorfkirche renoviert worden.*

Wir wandern zunächst durch Ginsterheide abwärts, queren ein Bachtal und genießen die Kühle des schattenspendenden Waldes. Im Aufstieg erreichen wir **Vogelsang (5)**, 30 Min. (Einkehrmöglichkeit, Museum), und werden rechts, mehr am westlichen Rande dieses von der größenwahnsinnigen Ideologie der Nationalsozialisten zeugenden Gebildes herumgeführt. Gerade, aber nicht nur deshalb, sollte man Vogelsang besuchen. Von der Terrasse des Forums bietet sich ein bezaubernder Blick auf den inmitten der Eifelwälder gelegenen Urftstausee.

i ***Nationalpark Eifel und Vogelsang*** *siehe Porträt auf Seite 58f.*

Wir verlassen Vogelsang und kreuzen die Zufahrtsstraße ca. 150 m außerhalb des Eingangsportals. Zunächst ein Kiesweg, dann ein Serpentinenpfad führen uns ins Tal des Morsbaches hinab, den wir über einen Steg queren. Allmählich steigt der Weg zur **Kickley** über der Urft (Aussicht) und weiter zum **Eifel-Blick Modenhübel (6)**, 498 m, auf, der eine Rundsicht bietet. Auf sich sanft senkendem Weg gehen wir bis vor die Ortschaft **Morsbach (7)**, 65 Min.

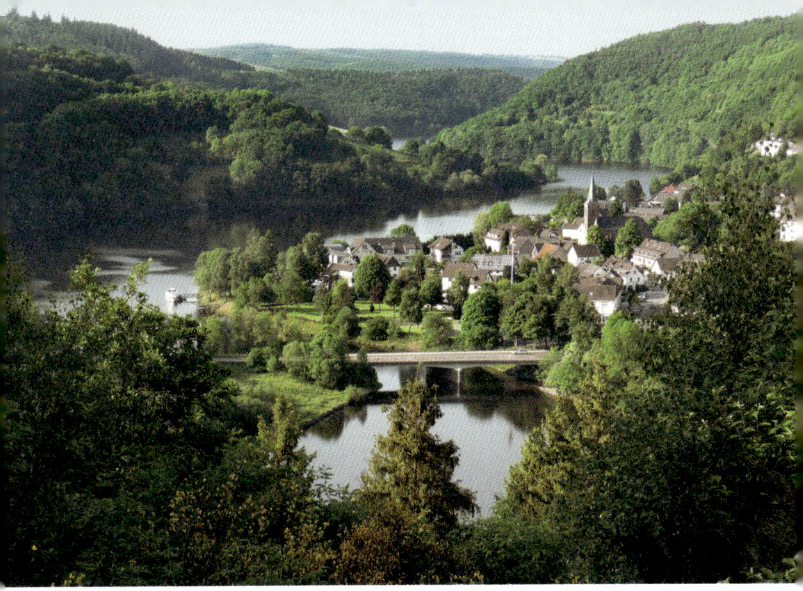

Blick auf Einruhr und den Obersee.

Vor dem Ort wenden wir uns scharf links einem breiten, mit Teeraufbruch befestigten Weg zu, der in ein kühles Bachtal hinab leitet. Bevor wir die Urft erreichen, steigen wir nach rechts im Wald auf und gehen hoch über dem Fluss nach Osten (flussauwärts). Wir passieren eine Reithalle und gelangen am Rande eines Neubaugebietes entlang zum Dreiborner Weg im Gemündener Ortsteil **Malsbenden** (329 m, 45 Min.).
Hier laufen wir nach links den Dreiborner Weg ganz hinab, dann links über die Urftbrücke. Dort wenden wir uns rechts und gehen ca. 500 m talaufwärts, bis wir links zur Jugendherberge hinaufgeführt werden. Dort setzen wir unsere Wanderung auf einem Waldweg fort. Nach dem Schwimmbad wechseln wir das Flussufer. Am Marienplatz (335 m, 30 Min., Stadtplan, Info-Tafel, Parkplatz, Anrufsammeltaxi) haben wir unser Ziel **Gemünd (8)** erreicht.

i *Das gut 4000 Einwohner zählende* ***Gemünd*** *ist seit 1978 als Kneipp-Kurort anerkannt. Hier mündet die Olef in die Urft, was namengebend für Gemünd ist. Im 19. Jh. prägte – wie viele andere Gemeinden in der Eifel auch – die Montanindustrie den Ort. Die zur Neige gehende Holzkohle und der zu späte Anschluss an die Eisenbahn führten zum Niedergang der Eisenverarbeitung. Heute setzt Gemünd vor allem auf Tourismus. Seit 2005 besteht das Nationalpark-Tor Gemünd mit integriertem Walderlebniszentrum.*

Porträt: Nationalpark Eifel und Vogelsang

Der Nationalpark Eifel liegt inmitten des Deutsch-Belgischen Naturparks Eifel. Er wurde im Jahre 2004 gegründet und umfasst mit einer Fläche von ca. 110 km^2 im Wesentlichen den ehemaligen Truppenübungsplatz Vogelsang und die Rurstauseen. Unter dem Motto »Natur Natur sein lassen« soll sich im ersten Nationalpark von Nordrhein-Westfalen Urwald entwickeln.

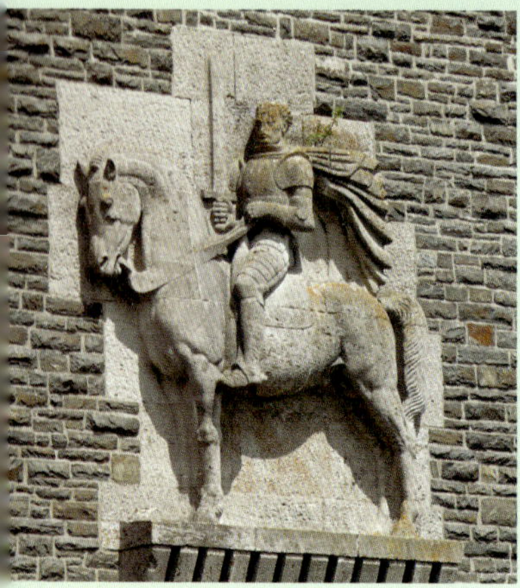

NS-Kunst am Bau.

Seit dem 1. Januar 2006 ist die ehemalige NS-Ordensburg und spätere belgische Kaserne Vogelsang für Besucher geöffnet und wird zum Zentrum des Nationalparks ausgebaut. Rund um den Nationalpark gibt es fünf Nationalpark-Tore als Anlaufstellen für Besucher und Ausgangspunkte für Ausflüge in die Natur. Sie bieten Informationen über den Nationalpark und die Region sowie Ausstellungen zu unterschiedlichen Themen.

Bei freiem Eintritt sind die Nationalpark-Tore täglich von 10–17 Uhr geöffnet. Die Nationalpark-Tore Monschau-Höfen (Tel. 02472/802 57 79) und Schleiden-Gemünd (Tel. 02444/937 70) liegen direkt am Eifelsteig, die übrigen in Rurberg, Heimbach und Nideggen. Daneben gibt es Nationalpark-Infopunkte mit Informationen und Filmen über den Nationalpark. Am Eifelsteig liegen die Nationalpark-Infopunkte Roetgen (Tel. 02471/13 22 76), Monschau (Tel. 02472/804 80), Einruhr (Tel. 02485/317) und Nettersheim (Tel. 02486/1246).

■ Information Nationalpark Eifel: Nationalparkforstamt Eifel, Urftseestraße 34, 53937 Schleiden-Gemünd, www.nationalpark-eifel.de (umfangreiches Angebot an Flyern, Broschüren und Büchern), info@nationalpark-eifel.de, Tel. 02444/951 00.

Die **NS-Ordensburg Vogelsang** wurde ab 1934 auf etwa 100 ha als Schulungsstätte der zukünftigen Führungskader des NS-Regimes errichtet. Weitere, noch gigantischere Bauten waren geplant. Der Anspruch war, hier einen neuen deutschen Menschen im Sinne des völkischen Idealbildes zu formen. Mit Beginn des Zweiten Weltkrieges wurde der Betrieb eingestellt, die »Junker« rückten an die Front.

Nach dem Krieg wurde von der britischen Militärregierung der Truppenübungsplatz auf der Dreiborner Hochfläche geschaffen und Vogelsang als Kaserne genutzt. Ab 1950 zogen belgische Truppen ein.

Nach Auflösung des Truppenübungsplatzes Ende 2005 ist Vogelsang seit 1. Januar 2006 für die Öffentlichkeit zugänglich. Das Besucherzentrum »Vogelsang ip«, das sich seit 2017 in neuem Kleid präsentiert, ist ein internationaler Platz für Natur, Kultur und Bildung. Es soll ein Ort sein für Toleranz, friedliches Miteinander und die internationale Naturbegegnung. In der NS-Dokumentation Vogelsang wird in einer Dauerausstellung über die Bestimmung der Ordensburg und den Werdegang der hier ausgebildeteten zukünftigen Führungselite berichtet. Das Nationalpark-Zentrum bietet eine 2000 qm große Erlebnisausstellung »Wildnis(t)räume«. Besuchenswert sind auch der 48 m hohe Aussichtsturm und das Panoramarestaurant. Es gibt markierte Rundgänge, Führungen durch die Burg sowie vielfältige Ranger-Touren.

- Täglich geöffnet: Winterzeit 10–17.30 Uhr, Sommerzeit 8–20 Uhr.
- Information: www.vogelsang-ip.de, Tel. 02444/915 79-0.

Blick von der Dreiborner Hochfläche auf Vogelsang.

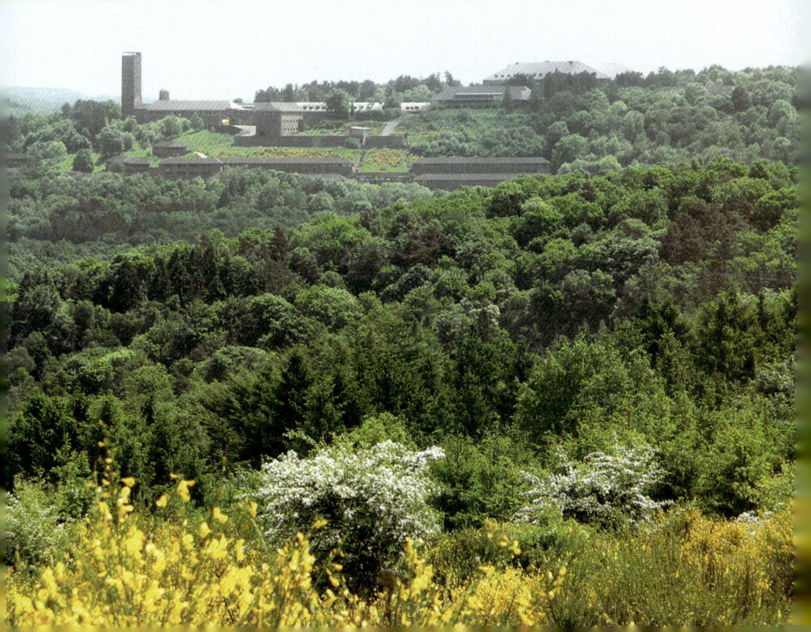

5 Von Gemünd zum Kloster Steinfeld

5.00 Std.
18,2 km

Einsame Wege zur Klostereinsamkeit

Von der Mündung der Olef in die Urft wandern wir im Hang des Oleftals aufwärts, berühren den sehenswerten alten Ortskern von Olef und erreichen über bewaldete Höhen am Kloster Steinfeld fast wieder das obere Urfttal.

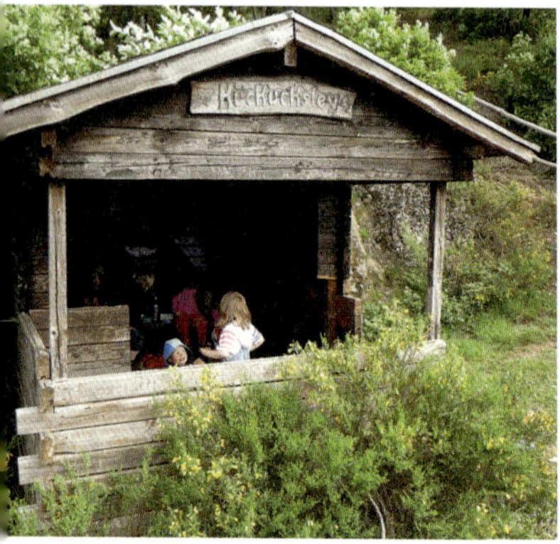

Schutzhütte an der Kuckucksley.

Ausgangspunkt: Schleiden-Gemünd, 335 m. Erreichbar: Mit dem Auto: Von Köln/Bonn A 1 – B 266; von Trier A 1 – A 60 – B 51 – B 258; von Koblenz A 61 – B 266. – ÖPNV: Von Aachen Bushof und Hbf: Schnellbus SB 63 oder von Aachen Bushof und Bf. Rothe Erde Buslinie 68 – Simmerath Bushof/Linie 63 – Einruhr – Gemünd. – Parken: Marienplatz oder an stadtseitiger Parallelstraße zur B 266 in Höhe der Kirche.

Endpunkt: Kloster Steinfeld, 513 m. Rückfahrt: Taxibuslinie 835 (außer So) oder RB 24 ab Haltepunkt Kall-Urft (2 km vom Steig) – Kall/Buslinie SB 82 oder 829 nach Gemünd. – Taxi Tel. 02441/4273 oder 6891 oder 02441/779123.

Höhenunterschied: Aufstieg 640 m, Abstieg 460 m.

Anforderungen: Auf überwiegend angenehmen Wegen und kurzen steilen Pfaden im leichten Auf und Ab durch schattigen Wald.

Einkehr: Ghs. in Gemünd, Gaststätte Hermanns in Olef (Mi, Do Ruhetage, Tel. 02445/5487), in Golbach, abseits des Steigs in Schleiden und in Kall. Klostercafé im Kloster Steinfeld, Margaretenhof (Do Ruhetag, Tel. 02441/4219).

Unterkunft: Schleiden-Gemünd siehe Etappe 4. – **Olef:** Kat. III: HR Hermanns (2 Doppelzimmer), Tel. 02445/5487. – **Schleiden:** Kat. IV: HR Eifelkern, www.hotel-eifelkern.de, Tel. 02445/8574; HR Alte Rentei, www.alte-rentei.com, Tel. 02445/8518472. – Abseits des Steigs in **Kall:** Kat. II: HR Hüttenhof, www.huettenhof.com, Tel. 02441/6346. – **Kall-Steinfeld:** Kat. I–III: Gästehäuser Kloster Steinfeld mit unterschiedlichen Preiskategorien, www.kloster-steinfeld.com, Tel. 02441/889131. – Ca. 2 km von Steinfeld in **Kall-Urft:** Kat. III: HR Urfterhof Hotel, www.urfterhofhotel.de, Tel. 02441/7791206. – **Camping:** Natur-Camping Schafbachmühle, Schleiden, www.schafbachmuehle.de, Tel. 02485/268.

Information: Tourist-Information im Nationalpark-Tor Gemünd, www.schleiden.de, touristik@schleiden.de, Tel. 02444/2011. – Tourist-Information Kall, www.kall.de, tourist@ kall.de, Tel. 02441/88853.

Tipps: Nostalgiefahrt mit der Oleftalbahn Kall-Hellenthal an Ostern, sonn- und feiertags (www.oleftalbahn.de). – Innere Einkehr halten im Klosters Steinfeld. – Eifeler Musikfest am Sonntag nach Pfingsten im Kloster Steinfeld (www.kloster-steinfeld.de, Tel. 02441/8890).

In **Gemünd (1)** beginnen wir unsere Wanderung am Marienplatz (Parkplatz, Anrufsammeltaxi, Stadtplan, Info-Tafel) am Nordrand der Fußgängerzone und laufen durch diese bis zu ihrem Ende (20 m weiter mündet die Olef in die Urft). Hier wenden wir uns nach rechts und kreuzen die B 266 in Höhe des Chores der Katholischen Kirche. Wir umlaufen den Chor, biegen rechts in einen Asphaltweg und nach wenigen Metern wiederum rechts in einen Pfad ein, der uns zunächst in mäßiger Steigung, dann in einer Kehre auf einen Schotterweg bringt. Diesem folgen wir links, bis wir am nächsten Querweg nahe der landwirtschaftlichen Siedlung Hohenfried links absteigen und dann im Hang weiterlaufen. In einer sanften Rechtskurve werden wir steil hinab zum Aussichtspunkt **Kuckucksley (2)** gelenkt, 50 Min. (Schutzhütte, Aussicht auf Olef).

Von hier gelangen wir auf stark abschüssigem Pfad talwärts, wo wir auf einen Schotterweg treffen, dem wir abwärts bis vor die B 265 folgen. Wir bleiben diesseits der Bundesstraße und wenden uns in ein kleines Seitental der Olef aufwärts. An einer Bank knickt der Eifelsteig links ab. Etwa 400 m danach zweigt er an einem Kreuz links ab und leitet uns zur Bundesstraße hin-

Kirche in Olef an der Olef.

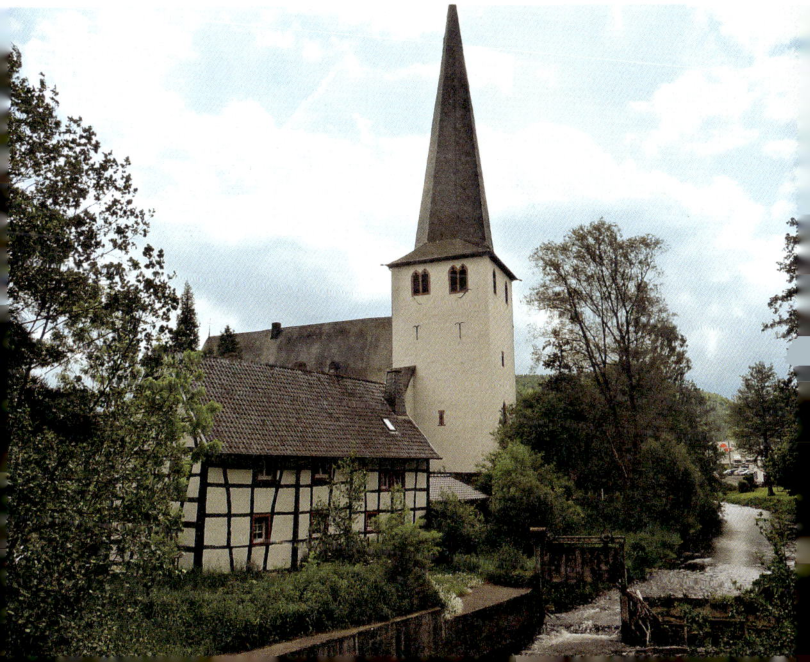

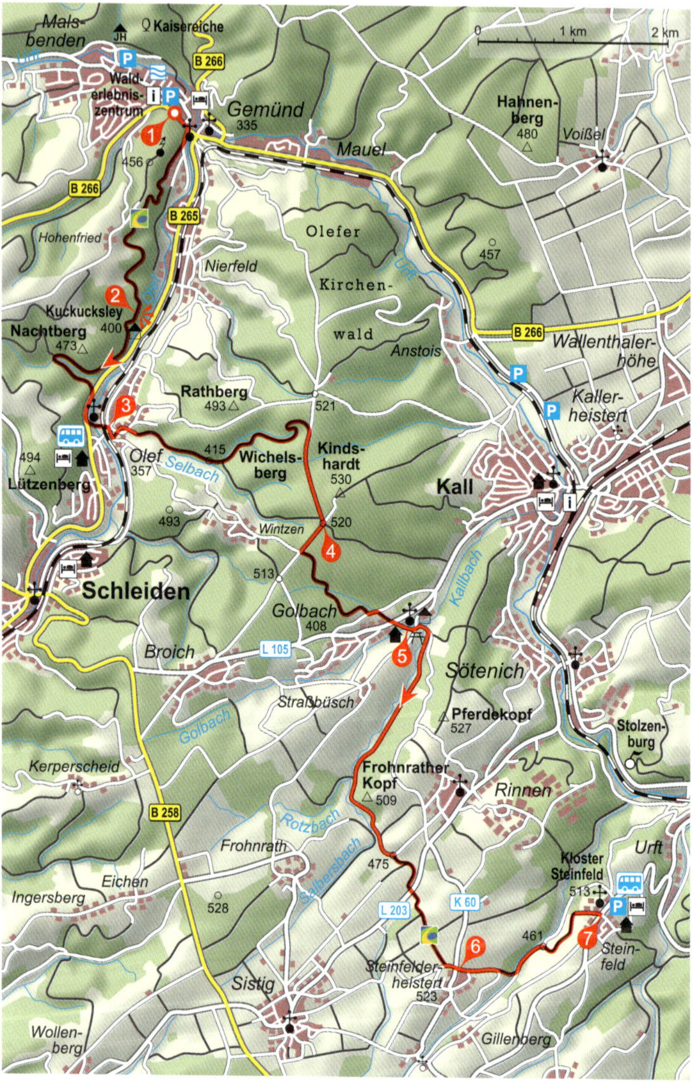
Mals-
benden
JH
Kaisereiche
B 266
Wald-
erlebnis-
zentrum
Gemünd
335
Mauel
0
1 km
2 km
Hahnen-
berg
480
Voißel
1
456
B 266
B 265
Hohenfried
Olefer
Kirchen-
wald
Nierfeld
Urft
457
2
Olef
Kuckucksley
400
Nachtberg
473
B 266
Wallenthaler-
höhe
Anstois
Rathberg
493
521
Kaller-
heistert
3
494
Olef
357
415
Wichels-
berg
Kinds-
hardt
530
Selbach
Kall
Lützenberg
493
Wintzen
520
4
513
Schleiden
Golbach
408
Kallbach
Broich
L 105
5
Sötenich
Straßbüsch
Pferdekopf
527
Golbach
Stolzen-
burg
Kerperscheid
Frohnrather
Kopf
509
Rinnen
B 258
Rotzbach
Frohnrath
Urft
Kloster
Steinfeld
513
475
Eichen
Ingersberg
528
Selbersbach
L 203
K 60
461
6
7
Stein-
feld
Steinfelder-
heistert
523
Sistig
Wollen-
berg
Gillenberg

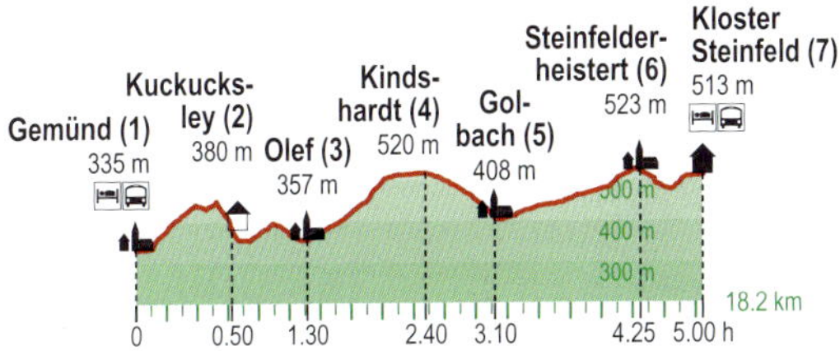

unter. Hinter dem Ortsschild queren wir die Straße und die Olef und gehen an der Kirche vorbei zum Hauptplatz des Örtchens **Olef (3)**, 40 Min. (Rastplatz, Einkehrmöglichkeit aufwärts an der B 265), auf dem noch die Schienen der längst für den Regelverkehr eingestellten Bahnlinie Gemünd – Hellenthal liegen. Der Platz mit seinen Fachwerkhäusern bietet ein idyllisches, geschlossenes Bild.

i *Die Pfarrkirche mit ummauertem Kirchhof in* ***Olef*** *ist spätgotisch. Der sogenannte Dreiecksplatz steht unter Denkmalschutz. Die zweigeschossigen Fachwerkbauten entstanden nach 1697. Der Personenverkehr auf der Oleftalbahn zwischen Kall und Hellental wurde 1981 eingestellt. Bis 1997 fand noch Güterverkehr statt. Derzeit verkehren zwischen Mai und Oktober an Sonn- und Feiertagen Schienenbusse zwischen Kall und Hellenthal (www.oleftalbahn.de, www.schienenbus-express.de).*

Am anderen Ende des Platzes wenden wir uns links einer Asphaltstraße zu, verlassen diese jedoch nach ca. 100 m zugunsten eines Schotterweges mit Graskamm, der ins Selbachtal hineinführt. An einer Weggabelung am Fuß des Wichelsbergs halten wir uns links. Der Weg wird nun steiler und leitet auf die Höhe hinauf bis zu einer Schotterpiste. Diese quert ein flaches Tal und nebenbei werden wir auf dem Pingenwanderpfad über die ehemals bergmännische Tätigkeit in dieser Gegend aufgeklärt. An einer **Wegspinne** unter der **Kindshardt (4)**, 70 Min. bleiben wir der Piste treu und erreichen eine Kreuzung mit den Straßenwegweisern »Olef« und »Wintzen«.
Hier biegen wir links in einen Waldweg ein und gehen an der nächsten Weggabelung rechts durch Mischwald abwärts. An einer weiteren Schautafel des Pingenwanderpfades biegen wir (Achtung!) rechts in einen schmalen Pfad ab. Nun geht es kreuz und quer, aber sicher geleitet durch die Eifelsteigmarkierung, durch den Wald und schließlich aus ihm hinaus zu einem Asphaltweg. Hier wandern wir nach links und am nächsten Abzweig rechts zur L 105. An dieser gehen wir 50 m nach links und folgen dort der Kapellenstraße bis zur Schutzhütte unterhalb der Kirche von **Golbach (5)**, 30 Min. (Einkehrmöglichkeit).

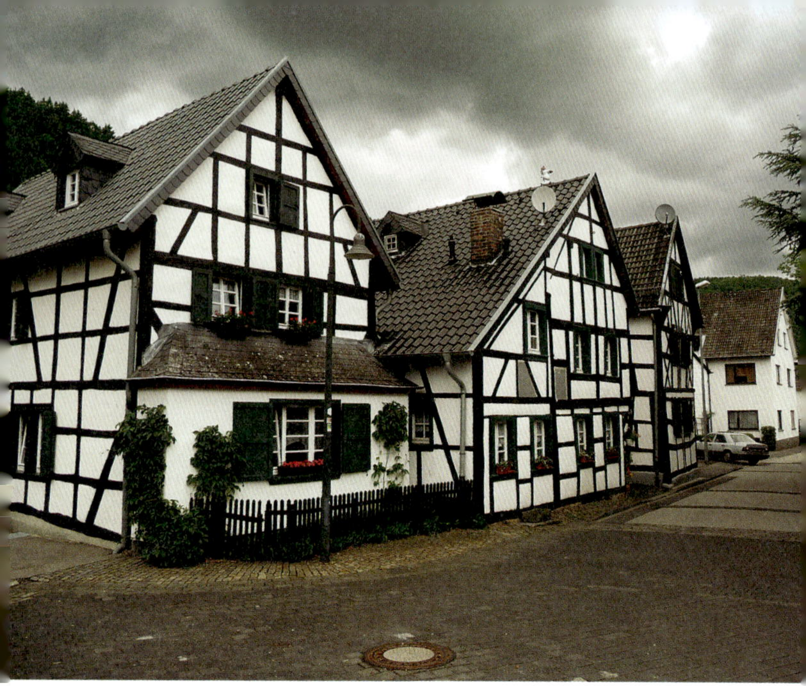

Fachwerkhäuser in Olef.

Der Eifelsteig führt nun links über einen kleinen Treppenweg und über den Spielplatz (Rastmöglichkeit) weiter zum Talgrund. Uns rechts haltend, wandern wir dann ca. 3 km eben auf einem Schotterweg im Tal des naturbelassenen **Kallbachs**. Vom Wegweiser Salbersbach laufen wir geradeaus am gleichnamigen Bach aufwärts, queren den Bach und folgen einem Grasweg im Rechtsbogen entlang einer Feldhecke zu der bereits sichtbaren L 203 hinauf. Nachdem wir die Straße gequert haben, steigen wir ziemlich in Falllinie zur Anhöhe auf und halten dann auf das erste sichtbare weiße Haus von **Steinfelderheistert (6)** zu (523 m, 75 Min.).
Dort laufen wir den Veilchenweg abwärts (die Abteikirche Steinfeld kommt bereits in Sicht) in ein bewaldetes Tälchen hinein. Auf breitem Weg werden wir am Bach entlang geleitet, bis wir rechts auf einen morastigen Waldweg abbiegen, der steil empor führt. Danach geht es auf einem schönen Waldpfad eben dahin bis zur Klostermauer und an ihr rechts entlang bis zum Haupteingang des **Klosters Steinfeld (7)**, 35 Min. (Einkehr, Parkplatz, Rastplatz, Telefon, Briefkasten, Taxibuslinie 835 nach Kall – außer So).

Porträt: Kloster Steinfeld

Kloster Steinfeld gilt als eines der besterhaltenen Klöster. Seine Anfänge reichen bis in die Zeit Heinrichs I. (919–936 n. Chr.) zurück. Im 12. Jh. wurde Steinfeld ein Prämonstratenserkloster, das im Jahre 1184 zur Abtei erhoben wurde, die einige Tochterklöster gründete. Die dreischiffige Pfeiler-Basilika wurde zwischen 1142 und 1150 im romanischen Stil erbaut und später durch verschiedene nachfolgende Stilformen gestaltet. Das Westwerk wird durch zwei festungsartige Rundtürme geprägt. Der ursprünglich romanische Kreuzgang wurde durch einen gotischen ersetzt. Die Basilika enthält spätgotische Wandmalereien, die Innenausstattung stammt aus dem Barock. Die barocke König-Orgel ist mit ihren 1956 Pfeifen eine der bedeutendsten Orgeln des Rheinlandes. Die Kirche ist eine Wallfahrtsstätte zum Grab des heiligen Hermann-Josef (1150–1241), der in Steinfeld gelebt und gewirkt hat. Nach der Säkularisierung im Jahre 1802 wurde das Kloster unterschiedlich genutzt. Seit 1923 ist es im Besitz des Salvatorianerordens. Kloster Steinfeld mit seiner Akademie ist heute ein Zentrum für Bildung und Spiritualität, Kunst und Kultur. Angeschlossen sind ein Café und Gästehäuser mit 130 Zimmern.

■ Information: Salvatorianerkloster Steinfeld, 53925 Kall-Steinfeld, www.kloster-steinfeld.de, info@kloster-steinfeld.de, Tel. 02441/8890.

Eingangsportal Kloster Steinfeld.

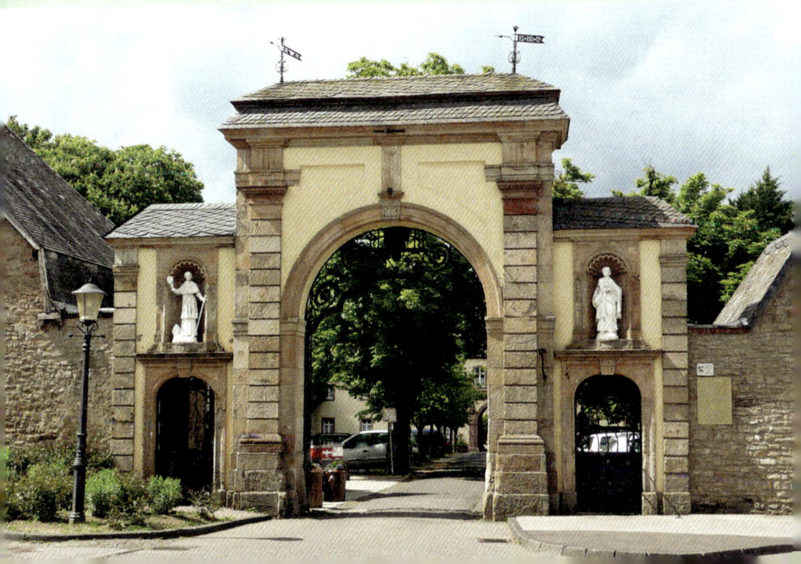

6 Vom Kloster Steinfeld nach Blankenheim

6.00 Std.
23,4 km

Auf den Spuren der Römer

Lange Tour über den Grünen Pütz,den Beginn der römischen Wasserleitung aus der Eifel nach Köln, zum Naturzentrum Eifel in Nettersheim. Auf weitere Spuren der Römer stoßen wir auf dem Weg durch das Urfttal zur Ahrquelle in Blankenheim.

Ausgangspunkt: Kloster Steinfeld, 513 m. Erreichbar: Mit dem Auto: Von Aachen: B 258 – B 266; von Köln: A 1 Köln-Trier, AS 113 Nettersheim; von Koblenz: A 48: von Trier: A 1 – A 48, AS 2 Ulmen B 259 – B 257 – B 258. – ÖPNV: Eifelstrecke (Kursbuch-Nr. 474) Köln – Gerolstein – Trier, RE 22 oder RB 24 bis Haltepunkt Kall-Urft (2 km vom Steig) – Taxibuslinie 835 (außer So).

Endpunkt: Blankenheim, 475 m. Rückfahrt: B 258 – L 22 bzw. ÖPNV: Zug ab Haltepunkt Blankenheim-Wald der Eifelstrecke (Kursbuch-Nr. 474) mit RE 22 oder RB 24 Gerolstein – Köln bis Bf. Kall-Urft. Taxibuslinie 835 nach Kloster Steinfeld (außer So), Tel. 02441/994545.

Höhenunterschied: Aufstieg 500 m, Abstieg 540 m.

Anforderungen: Längere, aber sehr leichte Wanderung.

Einkehr: In Steinfeld, Nettersheim, Blankenheim.

Unterkunft: Steinfeld siehe Etappe 5. – Nach 10 km am Steig in **Nettersheim:** Kat. III: HR Nettersheimer Hof, www.nettersheimerhof1857.com, Tel. 02486/2890185; P Haus am Hahnenberg (Marmagen), www.haus-am-hahnenberg.de, Tel. 02486/8009863. – Kat. II: P Haus Höhenblick, www.haus-hoehenblick.de, Tel. 02486/203396. – Kat. I: Jugendgästehaus Nettersheim sowie Eifelhaus (Selbstversorgerhaus für Gruppen bis 40 Personen), Wohnmobilhafen und Jugendzeltplatz, www.naturzentrum-eifel.de, Tel. 02486/1246. – **Blankenheim:** Kat. III–IV: HR Schlossblick, www.hotel-schlossblick.de, Tel. 02449/95500; Hg Kölner Hof, www.hotel-koelner-hof.de, Tel. 02449/91960. – Kat. III: HR Finkenberg, www.hotel-finkenberg.de, Tel. 02249/1073. – JH Burg Blankenheim, www.jugendherberge.de/jh/blankenheim, Tel. 02449/95090; Jugendhof Finkenberg, www.jugendhof-finkenberg.de, Tel. 02449/228. – Wohnmobilstellplatz, www.blankenheim.de, Tel. 02449/87303. – **Camping:** Eifel-Camp Freilinger See, www.eifel-camp.de, Tel. 02697/282. – Frings Mühle in Ahrdorf, www.camping-frings-muehle.de, Tel. 02697/7425.

Information: Tourist-Information Kall, www.kall.de, tourist@kall.de, Tel. 02441/88853. – Tourist-Information im Naturzentrum Eifel (Nettersheim), www.naturzentrum-eifel.de, naturzentrum@nettersheim.de, Tel. 02486/1246. – Tourist-Information Blankenheim, www.blankenheim.de, touristinfo@blankenheim.de, Tel. 02449/87222.

Tipps: Nettersheim: Naturzentrum Eifel: Informationen über Natur, Archäologie, Erd- und Kulturgeschichte, unter anderem Meerwasseraquarium des Devonmeeres, Fossiliensammlung, Fahrradverleih, jeden Sonntag Themenführungen (www.naturzentrum-eifel.de, Tel. 02486/1246, umfangreiches Veranstaltungsprogramm, Veranstaltungskalender unter www.naturerlebnisprogramm.de). – **Blankenheim:** Eifelmuseum (www.eifelmuseum-blankenheim.de, Tel. 02449/95150). – Blankenheimer Kunst- und Kulturtage in der historischen Altstadt am Himmelfahrtswochenende. – Seenachtsfest mit Höhenfeuerwerk und Handwerkermarkt am ersten Wochenende im August.

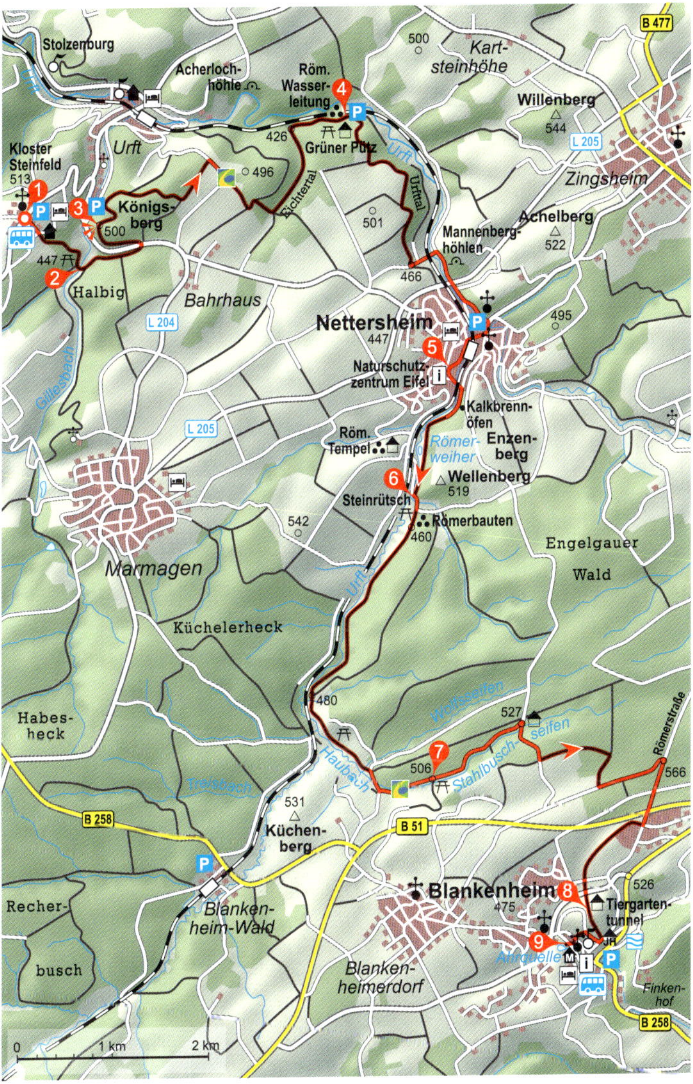

Stolzenburg
Acherloch-höhle
Röm. Wasser-leitung
Kart-steinhöhe
500
Willenberg
544
L 205
B 477
Kloster Steinfeld
513
Urft
426
Grüner Pütz
496
Königs-berg
500
Eichtertal
Urfttal
501
Zingsheim
Achelberg
522
Mannenberg-höhlen
447
466
Halbig
Bahrhaus
L 204
Nettersheim
447
495
Naturschutz-zentrum Eifel
Gillesbach
Kalkbrenn-öfen
L 205
Röm. Tempel
Römer-weiher
Enzen-berg
Wellenberg
519
Steinrütsch
Römerbauten
460
542
Marmagen
Engelgauer Wald
Küchelerheck
480
Wolfsseifen
527
Römerstraße
Habes-heck
Stahlbusch-seifen
506
566
Haubach
Treisbach
531
Küchen-berg
B 258
B 51
Blankenheim
526
Tiergarten-tunnel
475
JH
Recher-busch
Blanken-heim-Wald
Ahrquelle
Blanken-heimerdorf
Finken-hof
B 258
0
1 km
2 km

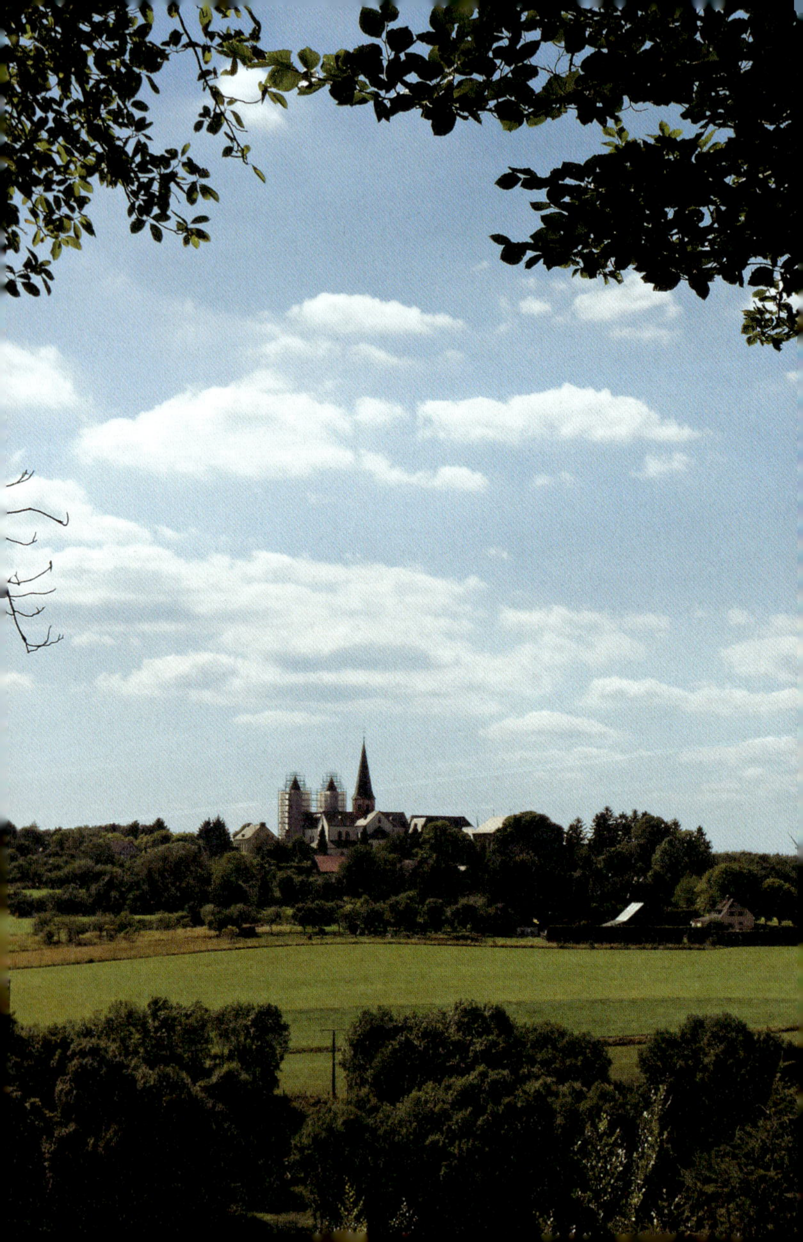

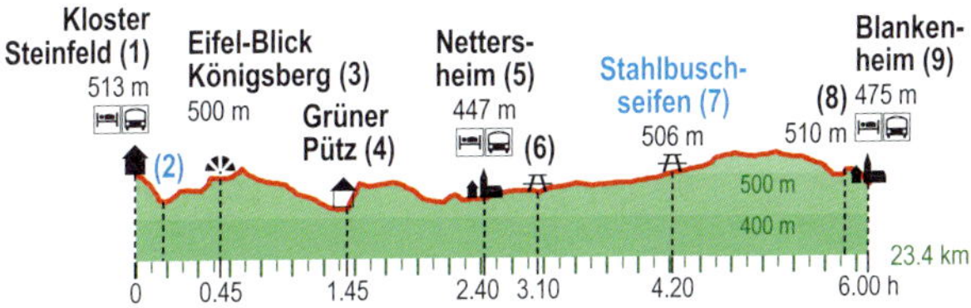

Wir beginnen die Wanderung am Eingang zum **Kloster Steinfeld (1)** bzw. an Parkplatz und Bushaltestelle. Den nächsten Ort, Nettersheim, werden wir nach etwa 10 km erreichen.
Wir folgen der Hallenthaler Straße vorbei am Hotel-Restaurant Margarethenhof zum Waldrand. Im Wald gehen wir, nachdem wir eine Schranke passiert haben, an der ersten Verzweigung rechts auf einem schmalen Weg durch Buchenhochwald talwärts. Wir überwinden an einem idyllischen Rastplatz den **Gillesbach (2)** auf einem Steg. Hier wenden wir uns links, bis wir etwa 30 m vor Erreichen der L 204 rechts in einen parallel zur Straße verlaufenden Waldpfad einbiegen. (Der Eifeler Quellenpfad hat sich hinzu gesellt, sodass wir uns bis zur Ripsdorfer Mühle auf der nächsten Etappe auch an seinem Logo orientieren können.)
Nach ca. 500 m kreuzen wir die Straße und gehen in einem Wendehammer im Wald scharf links in einen (unmarkierten) Pfad, der in einen Schotterweg mündet. Wir laufen jetzt an der gegenüberliegenden Seite der Straße zurück und gewinnen im Hang des Königsberges allmählich an Höhe. Vor einer Rechtskurve des Schotterweges werden wir rechts auf einen steilen Pfad abgeleitet, der uns zum **Eifel-Blick (3)** auf dem **Königsberg** (ca. 500 m, 40 Min.) mit wunderschöner Aussicht auf Kloster Steinfeld bringt.
Jenseits führt der Pfad wieder zum Schotterweg hinab. An der nächsten Wegkreuzung wandern wir rechts aufwärts und bei Austritt aus dem Buchenhochwald links auf einem Grasweg am Waldrand entlang. Ein querender Schotterweg führt uns rechts durch freie Landschaft, dann am Waldrand entlang und wieder in den Wald. An der ersten Wegkreuzung im Wald gehen wir links und bei erster Gelegenheit rechts auf einem Graspfad ins **Eichtertal** hinab, wo wir uns am querenden Schotterweg links wenden. Vorbei an den Resten eines Römerweges gelangen wir ins **Urfttal**.
Nur kurz bleiben wir nach rechts auf dem Radweg, um bald links Richtung Bahngleise abzubiegen. Nun begleitet uns auch der Römerkanal-Wanderweg, der entlang der ehemaligen Römischen Wasserleitung nach Köln verläuft. An offenen Leitungsstellen und am **Grünen Pütz (4)**, 65 Min., stellen wir fest, dass die Leitung noch heute mit Wasser gefüllt ist.

Kloster Steinfeld vom Eifel-Blick Königsberg.

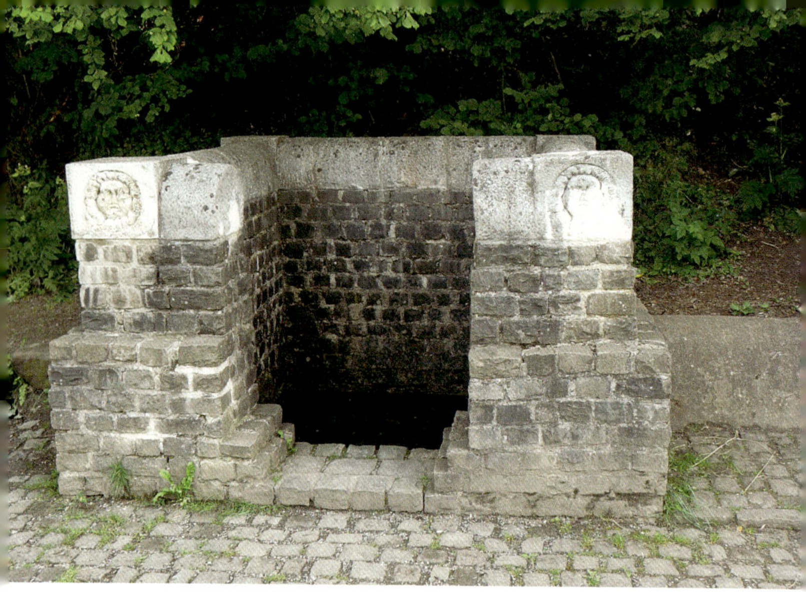

Grüner Pütz.

*Der **Grüne Pütz** ist die Brunnenstube der **Römischen Wasserleitung** aus der Eifel nach Köln, die von 80 n. Chr. bis zum Germaneneinfall im Jahr 260 bestand und unterwegs das Wasser weiterer Quellen aufnahm. Bei einer Länge von 95,5 km hatte die Leitung ein Gefälle von lediglich 300 m und gilt als ein Meisterwerk römischer Wasserbaukunst. Sie verlief im Urfttal bis Kall und überwand dort die Wasserscheide zwischen Maas und Rhein ohne Tunnel sowie anschließend die Täler von Erft und Swistbach auf längeren Bogenbrücken. Ansonsten war der Kanal mit einem begehbaren Querschnitt von 70 cm Breite und 100 cm Höhe zum Schutz vor Frost einen Meter unter der Oberfläche verlegt. Im Mittelalter wurde die Wasserleitung – wie viele andere Römerbauten auch – als Steinbruch verwendet, wobei der Sinter des kalkhaltigen Eifelwassers als »Eifelmarmor« sehr begehrt war und bis Dänemark verbaut wurde.*

Am Grünen Pütz lässt es sich gut rasten oder in der nicht weit entfernten Hütte gegebenenfalls Schutz suchen. Wir queren den Parkplatz oberhalb der Hütte etwas rechts haltend und steigen sanft im Buchenhochwald den Hang des Urfttales empor. Dann geht es mit nur geringen Höhenunterschieden am Rande einer Hochfläche abwechselnd zwischen Wald und Weiden und durch offene Landschaft dahin, bis wir nach etwa 2 km den links abzweigenden schmalen Pfad nicht übersehen dürfen, der steil zu Tal führt, zu einer

Kreuzung asphaltierter Wege (WW Urfttal/Ahrley). Wir queren Bahnlinie und Urft und folgen dem Radweg nach rechts. Gegenüber dem Jugendzeltplatz entdecken wir im steilen Hang die **Mannenberghöhle**. Nachdem wir unter der Straßenbrücke hindurchgelaufen sind, geht es links hinauf und nach ca. 30 m auf einem Naturweg eben im Hang des Urfttales bis zum Cafè zur Römerquelle. Über Kloster- und Bahnhofstraße gelangen wir zum Bahnhof, kreuzen Bahnlinie und Urft und wandern links auf dem Uferweg zu Naturschutzzentrum und Tourist-Information von **Nettersheim (5)**, 55 Min.

i *Das Naturerlebnisdorf* **Nettersheim** *hat anerkanntermaßen im Natur- und Umweltschutz wie auch beim Wettbewerb »Unser Dorf soll schöner werden« Herausragendes geleistet. Der Ort wird 867 erstmals urkundlich erwähnt. Das Gebiet war aber schon von den Römern besiedelt, wie eine Anzahl von Zeugnissen beweist, die teilweise am Eifelsteig liegen (Grüner Pütz/Römische Wasserleitung und Römerweg nördlich sowie Steinrütsch, römischer Meilenstein und Matronenheiligtum – etwas abseits – südlich des Ortes). – Das Naturzentrum Eifel in Nettersheim ist Zentrum für Umweltbildung im Deutsch-Belgischen Naturpark Hohes Venn-Eifel (siehe auch »Tipps« im Infoblock dieser Etappe). Ihm angeschlossen ist das Holzkompetenzzentrum Rheinland. – Der Raum Nettersheim/Blankenheim ist reich an Fossilien aus dem tropischen Meer des Mitteldevon, die für die dicken Kalkablagerungen verantwortlich sind. Für Fossiliensucher besonders lohnend ist der Fossilienacker am Enzenberg südlich von Nettersheim.*

Weiter geht es flussaufwärts. Wir queren mit der Straße »Römerplatz« die Bahngleise und folgen nun auch den Hinweisschildern »Kalkbrennöfen« und »Werkhäuser«, die wir kurz nacheinander passieren. Nach den Werkhäusern bietet eine Treppe zur Rechten einen kurzen Ausflug hinauf auf einen Damm in Baumwipfelhöhe. Der Kiesweg führt uns weiter im Urfttal entlang zum Römerweiher. Nach Ende des Weihers wird uns ein **Abstecher** zum ca. 800 m entfernten römischen Tempel und **Matronenheiligtum** angeboten. Die nächste Station am Kiesweg ist der **Steinrütsch (6)**, 30 Min., ein ehemaliger römischer Steinbruch. In seiner Nachbarschaft befinden sich ein römischer Meilenstein und ein Rastplatz.
Wir kommen nun kurz in eine offene Wiesenlandschaft, das Tal wird breiter, die Hänge werden flacher. Dann wandern wir auf einer Piste, die für Langholztransporter ausgebaut ist, durch Fichtenwald, bis die Piste an einem Wendehammer endet. Hier geht der Eifelsteig in einen schmalen Pfad über, der zunächst ein meistens trockenes Bachbett quert und steil aufsteigt. Der Pfad setzt sich als abfallender Waldweg fort. An einem Rastplatz über einem Tümpel haben wir das Urfttal bereits verlassen und wandern durch Wiesen ins **Haubachtal** und anschließend auf breitem Schotterweg entlang der **Stahlbuschseifen (7)**, an dessen Aufstau sich ein Rastplatz befindet (506 m, 70 Min.).

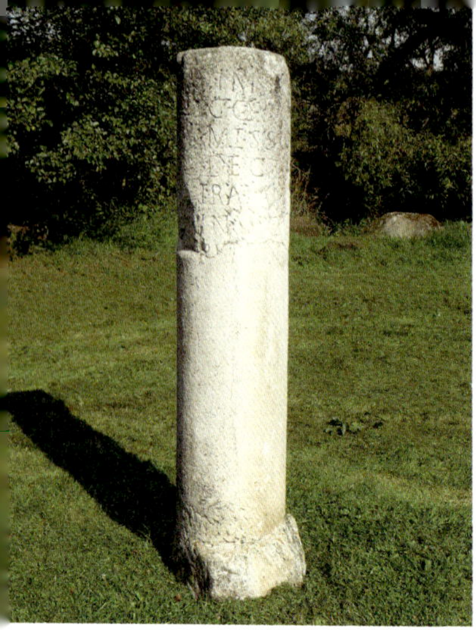

Römischer Meilenstein bei Nettersheim.

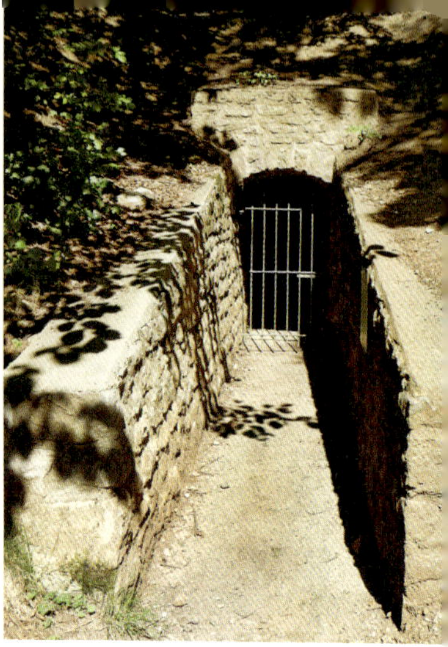

Tiergartentunnel in Blankenheim.

Ein Waldweg bringt uns zu einer Kreuzung mit einer etwas versteckt liegenden Hütte. Hier wandern wir rechts und mit einigen Richtungsänderungen auf Schotterwegen durch Fichtenwald und entlang von Wiesen. Am »Galgen« folgen wir rechts dem Radweg und der **Römerstraße** über die B 51 hinweg. Am Beginn des Gewerbegebietes von Blankenheim (ca. 150 m weiter Edeka-Markt mit Café) zweigt der Eifelsteig rechts in einen schönen Pfad ab, der einen Linksbogen durch den Wald beschreibt. Etwa 100 m abseits sollten wir die **Brunnenstube** des Tiergartentunnels besuchen. Später queren wir zwei Straßen. Etwa 80 m danach verlassen wir den Kiesweg nach links zum Waldrand und gelangen zum **Tiergartentunnel (8)**, 85 Min. (überdachter Rastplatz).

i *Der sogenannte **Tiergartentunnel** aus dem 15. Jh. stellt ein außergewöhnliches Technisches Denkmal dar. Durch eine Holzrohrdruckleitung wurde durch ein 12 m tiefes Tal und durch den Bergsporn im Tiergarten Wasser für die Burg herangeführt.*

Wir folgen nun, streckenweise nur auf Trittspuren, der Trasse des Tunnels bis zum Wasserhäuschen. Wir wenden uns zur Burg Blankenheim, die heute als Jugendherberge genutzt wird. Rechts vom Eingang des Burghofs steigen wir über viele Stufen ins Zentrum der Altstadt von **Blankenheim (9)**, 15 Min., zur Ahrquelle und zum Eifelmuseum ab.

Porträt: Blankenheim

Blankenheim wird im Jahre 721 erstmals urkundlich erwähnt. Hauptattraktion des seit 1983 als Erholungsort anerkannten Städtchens ist die Ahrquelle. Sie wurde in den Kellergewölben eines Fachwerkhauses aus dem Jahre 1726 gefasst. Nach 89 km mündet die Ahr bei Remagen-Kripp in den Rhein. – Ein Teil der mittelalterlichen Befestigung ist noch erhalten, so das Hirtentor aus dem Jahre 1404 und das Georgstor von 1670. Die sehenswerte Altstadt bietet ein nahezu geschlossenes Ensemble von Fachwerkhäusern. Das Zentrum wird beherrscht durch die katholische Pfarrkirche, die Graf Johann I. von Manderscheid-Blankenheim zwischen 1495 und 1505 als spätgotische Hallenkirche errichten ließ. Oberhalb von ihr befindet sich der romantische Winkel des Zuckerberges mit den ältesten Fachwerkgebäuden und dem mit nur 2,01 m schmalsten Haus Blankenheims. – Die **Burg Blankenheim** prägt die Stadtsilhouette. Hier hat sich vermutlich bereits ein römisches Kastell befunden. Eine erste Burg wurde ab 1115 erbaut und später wieder abgerissen. Im 15. Jh. entstand eine neue Burg unter den Grafen von Manderscheid-Blankenheim. Seit 1996 wird die Burg als Jugendherberge genutzt.

Einen Besuch lohnt das Eifelmuseum, das in zwei großen Fachwerkhäusern in der Altstadt untergebracht ist und die Erdgeschichte sowie die Lebens- und Arbeitswelt um das Jahr 1900 zeigt (www.eifelmuseum-blankenheim.de, Tel. 02449/9515-0).

- Tourist-Information Blankenheim, Ahrstr. 55–57, 53945 Blankenheim, www.blankenheim.de, touristinfo@blankenheim.de, Tel. 02449/87-222, Fax 02449/87-196.

Burg Blankenheim.

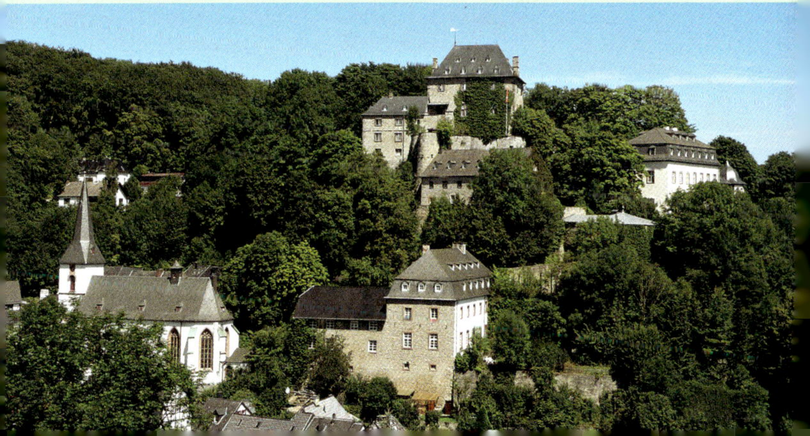

7 Von Blankenheim nach Mirbach

4.45 Std.
17,8 km

Über den Kalvarienberg zur Erlöserkirche

Von der Ahrquelle in Blankenheim geht es über bewaldete Höhen und durch Seitentäler der Ahr zu den beeindruckenden Wacholderhainen bei Alendorf und zur Erlöserkirche nach Mirbach.

Ausgangspunkt: Blankenheim, 475 m. Erreichbar: Auto von Norden: AS 114 der A 1 Köln – Trier; von Süden: A 1 – A 60 bis AS 4 Prüm – B 51. – ÖPNV: Eifelstrecke (Kursbuch-Nr. 474) Köln – Gerolstein – Trier mit RE 12, RE 22 und RB 24 bis Bf. Blankenheim-Wald (ca. 4,5 km von Blankenheim) – Taxibuslinie 832 nach Blankenheim. – Parken: Südöstlicher Ortsrand am Freibad.

Endpunkt: Mirbach, ca. 475 m. Rückfahrt: L 26/L 115 bis Ahrhütte – B 258. Keine ÖPNV-Rückfahrmöglichkeit nach Blankenheim; letzte Möglichkeit ab Ripsdorf oder Alendorf mit Taxibuslinie 833 (außer So)! Buslinie 522 (Mo–Fr) nach Hillesheim und Gerolstein. – Taxi Hüngersdorf Tel. 02449/1225, Alendorf Tel. 02449/7484, Dollendorf Tel. 02449/213, Hillesheim Tel. 06593/260 oder 06593/989198.

Höhenunterschied: Aufstieg und Abstieg je 470 m.

Anforderungen: Typische Mittelgebirgswanderung.

Einkehr: Ripsdorf, Alendorf (Café Stübchen, Di–So, 11–18 Uhr, Tel. 0162/28271 72), Mirbach (Wanderhütte Em Backes, Fr–Mo ab 13 Uhr, Tel. 06593/9986670).

Unterkunft: Blankenheim siehe Etappe 6. – Nach ca. 9 km am Steig in **Blankenheim-Ripsdorf:** Kat. II: HR Breuer, www.breuer-ripsdorf.de, Tel. 02449/1009. – **Mirbach:** Kat. I: P Mastiaux, Tel. 06593/8153. – Augustiner Kloster und Zum Amtsrichter (Hillesheim), Landgasthof Schröder (Niederehe) und Pension Maria Leiff (Leudersdorf) bieten Transfer gegen Entgelt zu ihrem Betrieb an (Adressen siehe Etappe 8).

Information: Blankenheim siehe Etappe 6. – Tourist-Information Ferienregion Gerolsteiner Land, www.gerolsteiner-land.de, touristinfo@gerolsteiner-land.de, Tel. 06591/133000.

Tipp: Rast am Friedhof von Alendorf mit Blick auf den Kalvarienberg einplanen.

Wir starten am **Eifelmuseum** im Zentrum der Altstadt von **Blankenheim (1)**, 475 m, und laufen zur Ahrstraße hinauf. Hier gehen wir rechts und sogleich links »Am Lüberg« über mehrere Treppen aufwärts. Der querenden Straße folgen wir links ansteigend bis in eine Rechtskurve. Dort verlassen wir sie nach links in den Wald hinein. Abwärts, zuletzt über Stufen, erreichen wir den Nonnenbacher Weg, den wir hinaufgehen, um hinter dem letzten Haus

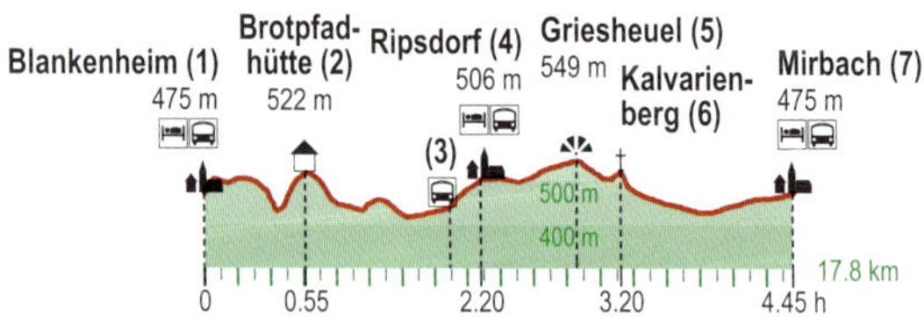

links in Weidegelände abzubiegen. (Bis zur Ripsdorfer Mühle begleitet uns auch wieder das Logo des Eifeler Quellenpfades.) Ohne große Höhenunterschiede geht es dahin, bis wir einen Asphaltweg queren und unsere Wanderung auf einem Pfad fortsetzen, der sich lang und steil zu Tal senkt. Nach rechts bringt uns ein Schotterweg endgültig in den Talgrund. An einem Rastplatz wenden wir uns nach rechts und ca. 80 m danach nach links und überwinden den **Nonnenbach** über einen Steg. Wir queren einen Teerweg und steigen auf dem Brotpfad im Eichenwald zur **Brotpfadhütte (2)** auf (522 m, 55 Min., heimelige Schutzhütte und Rastplatz. Den Brotpfad nutzten früher die Ripsdorfer, um ihr Brot in Blankenheim zu verkaufen).

Von der Brotpfadhütte senkt sich ein mit Kies bedeckter Pfad talwärts. Am Horizont ist bereits Ripsdorf, auf der Höhe liegend, zu sehen. Ein Waldweg führt zu einem querenden Schotterweg und zu einem Rastplatz. Hier wenden wir uns nach rechts und am nächsten Querweg sogleich nach links. Wir steigen durch Wiesen auf und auf Waldwegen ab ins Tal des **Schaafbaches**. Dort laufen wir auf breiter Schotterpiste bachaufwärts, bis wir den Bach auf einer Straßenbrücke queren können. Am Zugang zur **Ripsdorfer Mühle (3)** stoßen wir auf eine Haltestelle

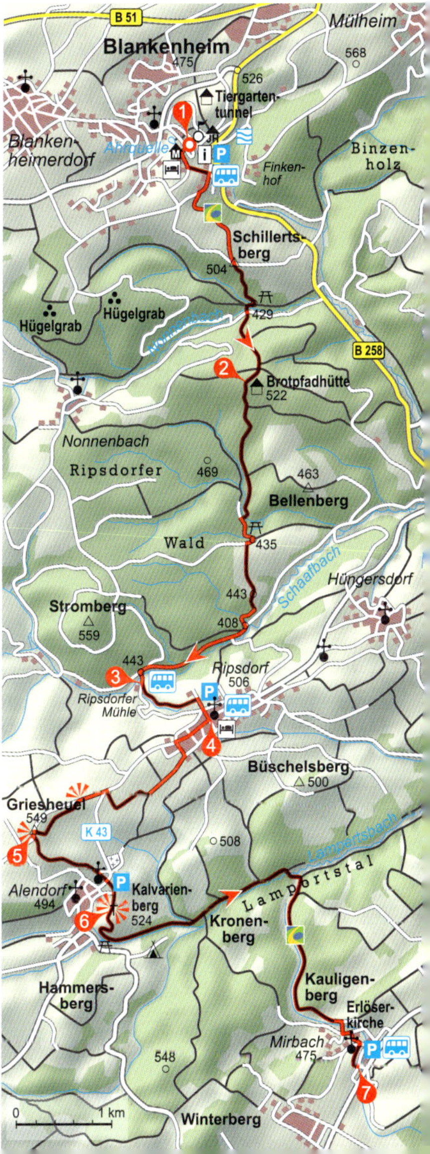

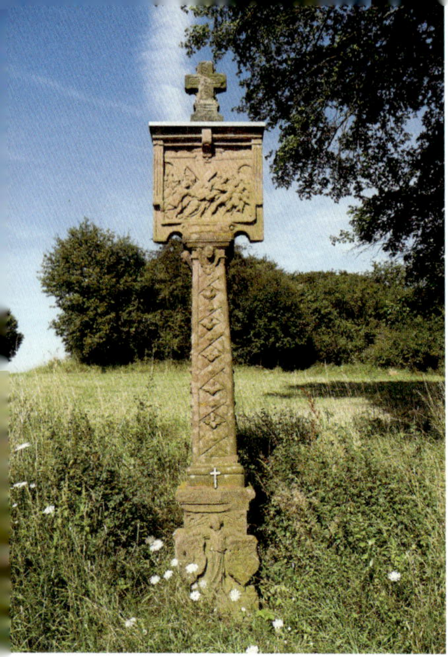

Am Kreuzweg zum Kalvarienberg.

der Taxibuslinie 833 (443 m, 65 Min.) nach Blankenheim. Hier verlassen wir die Straße nach links in den Wald hinein. Nun folgt ein steiniger Aufstieg nach **Ripsdorf (4)** und zur dortigen Kirche (506 m, 20 Min., Einkehrmöglichkeit).

Vor der Kirche werden wir rechts an der Hauptstraße (K 43) entlang fast bis zum Ortsausgang geleitet. Endlich biegt der Eifelsteig in die Straße »Auf der Reusch« ein, der wir bis zu ihrem Ende folgen. Nach rechts leitet ein Schotterweg durch Weideland, der vom Wanderer insbesondere bei starker Sonneneinstrahlung oder bei Regen einigen Gleichmut verlangt. Vor einem Bauernhof wechseln wir links auf einen Grasweg, der uns zur K 43 zurückführt. Auf der anderen Straßenseite wird uns halblinks ein breiter Teerweg angeboten, den wir nach 5 Min. nach links verlassen, um durch wunderschön blühende Wiesen und Felder zu wandern. Jenseits des Aussichtspunktes **Griesheuels (5)** wenden wir uns links zum Friedhof und Ehrenfriedhof sowie zur ehemaligen, im Jahre 1494 erbauten Pfarrkirche von **Alendorf** (494 m, 60 Min., Rastmöglichkeit, Parkplatz). Dort haben wir unser Aaah!-Erlebnis: Vor uns breitet sich das Panorama der Wacholderheidelandschaft um Alendorf aus. Gegebenenfalls Einkehr in Becker's Café Stübchen in Alendorf.

i *Die Kalktriften um Alendorf und das Lampertstal bilden mit etwa 650 ha das drittgrößte* ***Wacholder-Naturschutzgebiet*** *Deutschlands. Wir befinden uns in einer der devonischen Kalkmulden der deshalb so genannten Kalkeifel. Die Landschaft ist das Ergebnis einer extensiven Beweidung mit Schafen, die den Wacholder verschmähen. Auf eine Düngung wurde und wird verzichtet, sodass sich Magerrasen ausbildete, der für seine pflanzliche Artenvielfalt bekannt ist. So finden sich hier beispielsweise Orchideen, Enziane, Seidelbast und Küchenschelle. Die unterschiedlichen und seltenen Pflanzenarten bilden ihrerseits die Lebensgrundlage für viele unterschiedliche Tierarten, insbesondere für Insekten und Reptilien.*

Der Eifelsteig verläuft quer über den Ehrenfriedhof, kreuzt die K 43 und windet sich auf einem Kreuzweg zum **Kalvarienberg (6)** empor (524 m, Kreuzigungsszene, Eifelblick). Nach Süden führt der Pfad schmal und steil hinab in das **Lampertstal** (Rastplatz einige Meter rechts vom Steig). Dem Lampertsbach folgen wir durch Wiesen und am Waldrand entlang etwa 30 Min. lang. Dann queren wir den Bach und das Tal und steigen in einem Seitental durch Wiesen, durch Wald und am Waldrand entlang nach Mirbach auf. Hier steuern wir die Erlöserkirche von **Mirbach (7)** an (ca. 475 m, 85 Min., Informationspavillon, Rastplatz, Wanderhütte Em Backes).

i *Die **Erlöserkapelle Mirbach** wurde im Jahre 1902 im historisierenden neoromanischen Stil der damaligen Zeit erbaut. Ihre Stifter waren Kaiser Wilhelm II., Kaiserin Augusta Victoria und der Freiherr von Mirbach. Zeittypisch ist auch die Innenauskleidung der Kapelle im Stil byzantinischer Mosaiken.*

Alendorf in den Wacholderheiden.

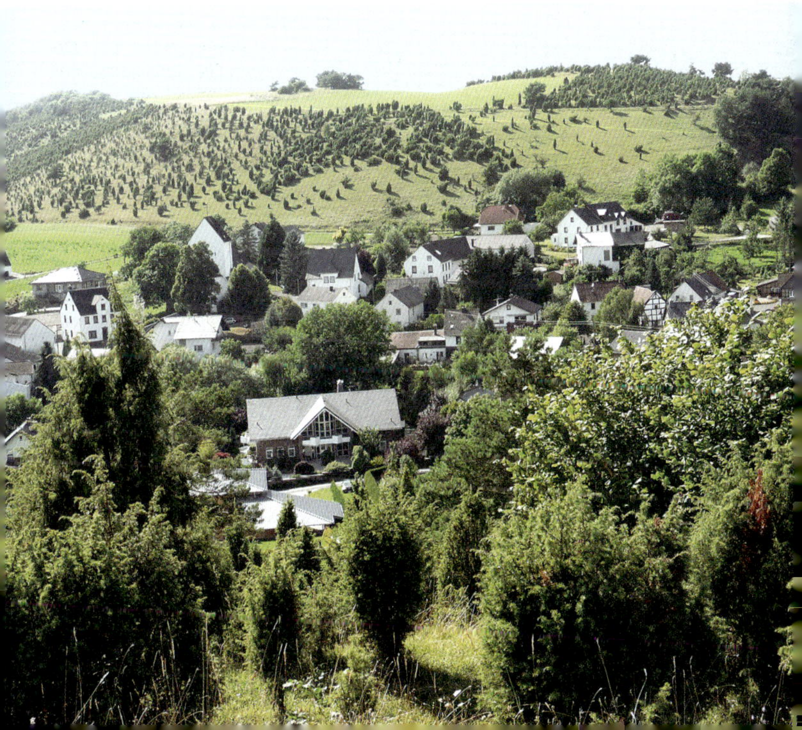

8 Von Mirbach nach Hillesheim

7.00 Std.
25,5 km

Wasserfälle und Kriminalfälle

Lange Etappe durch Wälder und Felder über den wundersamen Dreimühlen-Wasserfall nach Hillesheim, der Hauptstadt des Eifelkrimis.

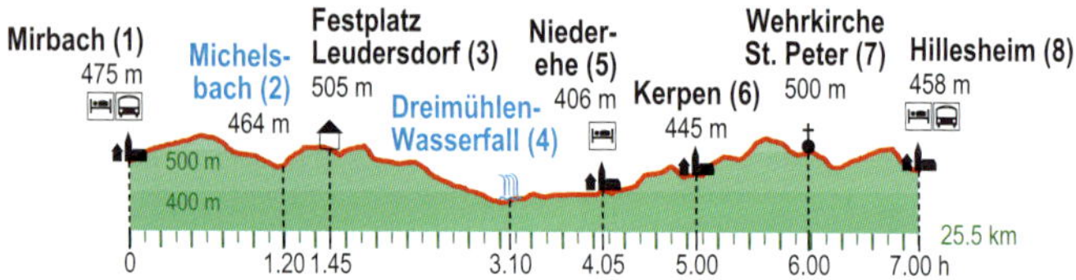

Ausgangspunkt: Mirbach, 475 m. Erreichbar: Mit dem Auto B 421 bis Hillesheim – L 26 bzw. B 258 bis Ahrhütte – L 115. – ÖPNV: Buslinie 522 (Mo–Fr) von Gerolstein und Hillesheim.
Endpunkt: Hillesheim, 458 m. Rückfahrt: L 26 oder Buslinie 522 (Mo–Fr). Mit Linie 522 auch zu den Bahnhöfen an der Eifelstrecke (Kursbuch-Nr. 474) Oberbettingen (RE 22 und RB 24) und Gerolstein (RE 12 und 22 sowie RB 24 und 83). – Taxi Hillesheim Tel. 06593/260.
Höhenunterschied: Aufstieg 330 m, Abstieg 350 m.
Anforderungen: Lange Wanderung mit moderaten Auf- und Abstiegen.
Einkehr: Nohner Mühle (Cafè, Biergarten, geöffnet Ostern–Anfang November täglich ab 11 Uhr, Gruppen nach Anmeldung auch sonst, Tel. 02696/1314), Niederehe, Kerpen (Kleines Landcafé: geöffnet Mi–So und feiertags 12–18 Uhr, Tel. 06593/996969), Hillesheim.
Unterkunft: Nach ca. 6 km am Steig, ca. 1 km abseits in **Üxheim-Leudersdorf:** Kat. I: P Maria Leiff, www.eifel-leiff.de, Tel. 02696/1222. – Nach ca. 13 km am Steig: Kat. II: Nohner Mühle, www.nohnermuehle.de, Tel. 02696/1314. – Nach 15 km in **Üxheim-Niederehe:** Kat. III: HR Landgasthof Schröder, www.landgasthof-schroeder.de, Tel. 02696/1048; Niedereher Mühle, www.niederehermuhle.de, Tel. 02696/9314546 (Frühjahr 2022 geschlossen, Wiedereröffnung unbestimmt). – **Kerpen:** Kat. IV: Herberge & Hoflokal Die Einkehr, Tel. 06593/3099600, www.die-einkehr.de. – Berndorf: Kat. II: P Otto Leuer, www.ottoleuer.de, Tel. 06593/8553. – **Hillesheim:** Kat. V: HR Augustiner Kloster, www.hotel-augustiner-kloster.de, Tel. 06593/980890. – Kat. III: Krimihotel, www.krimihotel.de, Tel. 06593/98089600. – Kat. II: HR Zum Amtsrichter (Übernachtung in Gefängniszelle), www.amtsrichter.de, Tel. 06593/985731. P Gästehaus Kloep, Tel. 06593/809244, www.gaestehaus-kloep.de. – Kat. I: HR Fasen, www.hotel-fasen.de, Tel. 06593/98089900. – Wohnmobilstellplätze Hillesheim: Tel. 06593/809200 oder 06593/989409 oder 06593/403.
Information: Tourist-Information Ferienregion Gerolsteiner Land, www.gerolsteiner-land.de, touristinfo@gerolsteiner-land.de, Tel. 06591/133000.
Tipps: Kriminalhaus Hillesheim mit Krimibibliothek, Buchhandlung Lesezeichen und Café Sherlock (www.kriminalhaus.de, Tel. 06593/809433). – Ca. 1,5 km langer Barfußpfad im Bolsdorfer Tälchen. – Hillesheimer Markt jeden ersten und dritten Donnerstag im Monat. – Veranstaltungskalender in Tourist-Information oder unter www.hillesheim.de/freizeit/veranstaltungen.

Ausgangspunkt ist die **Erlöserkirche** in **Mirbach (1)**. Wir folgen dem Eifelsteig diagonal den Grashang hinab oder machen einen winzigen Umweg über den Pavillon am Fuß des Kirchenhügels, wo wir gegebenenfalls auch unser Auto parken können. Wir laufen auf dem Sträßchen aus dem Ort hinaus, überschreiten bei erster Gelegenheit nach links den Bach, unterqueren die L 26 und nehmen den ersten Grasweg links. Der Eifelsteig schraubt sich durch Wiesen zur Höhe hinauf. In der Nähe eines Hochsitzes gehen wir rechts, dann links und wieder rechts an einer Feldhecke und einem Elektrozaun entlang. Nur sehr kurz tauchen wir in den Wald ein, um sogleich links am Waldrand entlang bis zu einer Wegkreuzung und einem **Rastplatz** (WW Oberbusch-West, 512 m, 40 Min.) zu wandern. Hier nehmen wir einen Schotterweg, der uns in den Wald führt. Wir verlassen ihn erst wieder nach 3 km

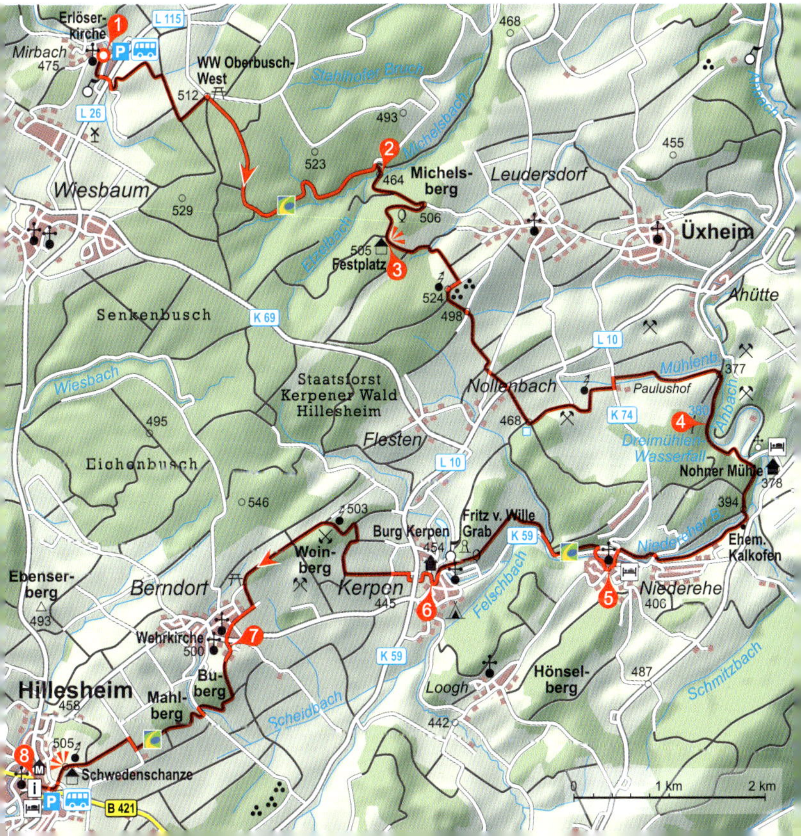

und einem langen sanften Abstieg im Tal des Michelsbaches scharf rechts. Wir überqueren den **Michelsbach (2)**, 40 Min., und steigen gegen den Michelsberg auf. Der Weg leitet nach Leudersdorf, jedoch biegen wir vor dem Ort scharf rechts ab. Nachdem wir von diesem Schotterweg links abgebogen sind, kommen wir nach etwa 100 m zum **Festplatz (3)** der Gemeinde **Leudersdorf** (ca. 505 m, 25 Min., Grillhütte und offene hölzerne Hallen, Fernsicht nach Osten bis zur Nürburg).
Der Eifelsteig nutzt nun den Zufahrtsweg zum Festplatz, den wir nach wenigen Hundert Metern nach rechts verlassen, um durch Weidegelände aussichtsreich einem **Sendemast** auf dem höchsten Punkt zuzustreben. Hier wandern wir links und nach wenigen Metern nochmals links und auf Trittspuren am Waldrand und durch Fichtenwald abwärts bis zu einem querenden Teerweg. Wir wählen den Naturweg unterhalb des Teerweges und lassen uns durch Wiesen und Felder leiten. Dann kreuzen wir zwei Straßen, treten in den Wald ein und biegen an einem **Wasserbehälter** (468 m, 45 Min.) links ab. Nachdem wir den Eingang zu einem Steinbruch passiert haben, leitet uns die Eifelsteigmarkierung (Achtung!) links weglos durch eine Wiese auf einen 20-KV-Mast zu. Vor dem Mast biegen wir rechts in einen Grasweg ein, der uns zur K 74 bringt. Wir müssen nach links etwa 80 m lang die Straße benutzen, bevor wir einen durch Wiesen verlaufenden Weg gewinnen, der auf einen Tagebau zuhält. Wir überschreiten eine Brücke, die über den **Kalkeifelradweg** führt, und wenden uns nach rechts. Bald wandern wir in einer S-Schleife in den Talgrund des **Ahbaches** hinunter und zum wundersamen **Dreimühlen-Wasserfall (4)**, 40 Min. (Rastmöglichkeit).

i *Das Naturdenkmal des* **Dreimühlen-Wasserfalls** *ist der Ausfluss stark kalkhaltigen Wassers. Pro Stunde werden etwa 0,5 kg Karbonat ausgefällt, was einer Menge von ca. 4,5 t jährlich entspricht. Das Laubmoos vergrößert die Oberfläche und Kieselalgen beschleunigen den Prozess zusätzlich. Karbonat und abgestorbene Moose bilden ein poröses Sintergestein, das jedes Jahr ungefähr 10 cm wächst.*

Nachdem wir den Wasserfall vermutlich von allen Seiten staunend betrachtet haben, führt uns ein wildromantischer Pfad am Ufer und im Talhang des Ahbaches entlang. Anschließend bringt uns ein befestigter Weg zur Unterführung der ehemaligen Bahnstrecke. (Wer eine Wanderpause einlegen möchte, hat dazu die Möglichkeit in der 200 m abseits, idyllisch unter den Kalksteinwänden des Ahbachtales gelegenen **Nohner Mühle**, siehe Einkehr.) Hinter der Unterführung folgen wir links dem makellos asphaltierten Kalkeifelradweg bis in dessen Rechtskurve. Dort biegen wir links Richtung »Ehemaliger Kalkofen« ab bis vor den ehemaligen Bahndamm. Hier rechts durch das Bachtal bis zur Brücke über den **Niedereher Bach**. Dort schickt uns das Eifelsteiglogo auf den ehemaligen Bahndamm hinauf, den wir bis zur K 74 begehen. Dort laufen wir links dem an der Straßenkreuzung stehen-

den Wegweiser »Loogh« folgend in den Ort hinein und umrunden die romanische Klosterkirche und den Friedhof von **Niederehe (5)** halb im Uhrzeigersinn (406 m, 55 Min.).
In der Kerpener Straße passieren wir den Landgasthof Schröder. Wir queren die K 59, wenden uns rechts zurück (entgegen unserer eigentlichen Gehrichtung), steigen nach ca. 100 m links kurz auf Stufen empor und setzen unsere Wanderung fast eben im Wald fort. Nach ca. 400 m steigen wir links eine Ebene tiefer und erreichen schließlich einen ehemaligen **Steinbruch an der K 59**. Nach wenigen Metern entlang der Straße führt uns rechts ein Pfad in den Wald hinauf. An einem Wasserhaus gewinnen wir einen Weg, der im Linksbogen in gleichbleibender Höhe durch offene Landschaft leitet. Noch einmal steigen wir im spitzen Winkel auf einen höheren Weg und kommen auf dem höchsten Punkt oberhalb von Burg Kerpen zur Grabstätte (Basaltsäule) des Eifelmalers Fritz von Wille (1860–1941). Nun geht es auf vielen Stufen hinab zum Eingang der **Burg Kerpen** (454 m, 45 Min.).

i *Die auf einem Dolomitsporn über dem Dorf Kerpen liegende* ***Burg Kerpen*** *wurde im 12. Jh. erbaut. Im Dreißigjährigen Krieg zerstörten französische Truppen die Burg, deren Ruinen 1803 auf Abbruch an die Gemeinde verkauft wurden. Anfang des 20. Jh. erwarb der 1941 verstorbene Eifelmaler Fritz von Wille die Burg. Burghof und gotische Burgkapelle können besichtigt werden.*

Dreimühlen-Wasserfall.

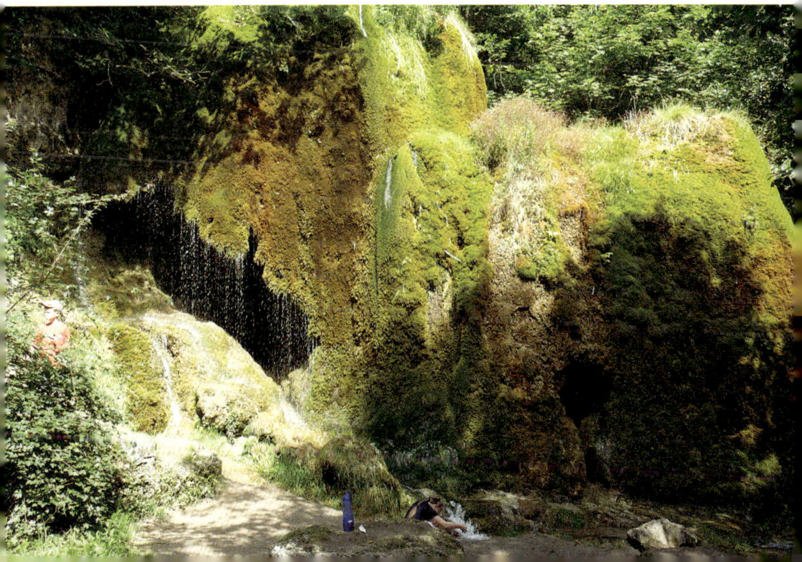

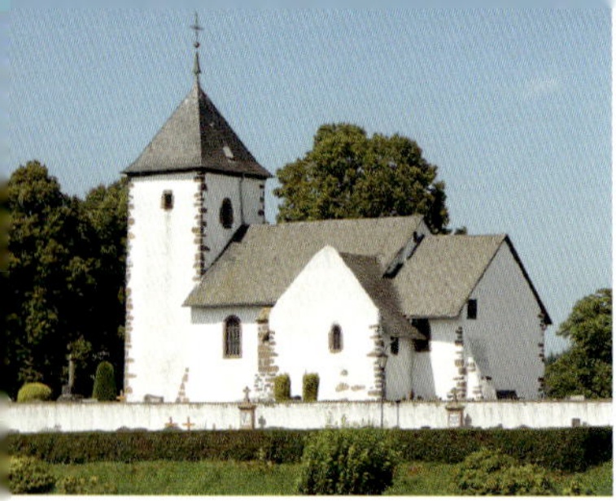

Wehrkirche Berndorf.

Wir laufen den Burgweg ca. 50 m hinab, wenden uns scharf rechts und steigen nach Kerpen ab. Wir erreichen die Straße »Im Kapelleneck«, folgen den Straßen Am Hermesturm und Fritz-von-Wille-Straße und gehen links (aber nicht in den »Irrweg«!). Uns am ehemaligen Hotel Burghof rechts haltend, gelangen wir zum Kleinen Landcafé (siehe Einkehr) in **Kerpen (6)**, 10 Min. Die Straße »Auf dem Stilsdorf« bringt uns aus dem Ort hinaus. Wir unterqueren die L 10 und wandern geradeaus durch offene Landschaft auf den Weinberg zu. Hinter der zweiten Feldhecke wenden wir uns nach rechts. An einem außer Betrieb befindlichen Transformator steigen wir links auf und dringen in einen aufgelassenen Steinbruch am Weinberg vor. Hier treffen wir auf den Geo-Pfad Hillesheim. Wir verlassen den Steinbruch und wandern, uns links haltend, geradeaus am Waldrand entlang, bis wir nach etwa 1 km nach links schwenken. An einer Sitzgruppe vor dem Ortsrand von Berndorf biegen wir links auf einen Schotterweg ab. Am querenden Asphaltweg laufen wir rechts und geradeaus zur Kirche von **Berndorf** (493 m, 60 Min.).
Über der Kirche thront die altehrwürdige romanische **Wehrkirche St. Peter (7)**. Der Eifelsteig leitet auf Stufen hinauf und links an ihr vorbei. Wir laufen die Hauptauffahrt zur Wehrkirche hinunter und lenken unsere Schritte nach rechts in die freie Landschaft. Vor uns taucht ein mit Wacholder bewachsener Hügel auf, den wir rechts liegen lassen; auf einem Grasweg steigen wir zu seinem Fuß ab. Hier gehen wir links nur 50 m auf einem Asphaltweg, um rechts auf einem Grasweg zum Waldrand zu gelangen. Dort wandern wir links am Waldrand entlang immer geradeaus, auf einem querenden Teerweg ca. 50 m rechts bergauf und biegen links wiederum in einen Grasweg ein, der auf einen Sendemasten zuhält. Neben dem Sendemast finden wir Schutzhütte, Rastplatz, Spielplatz und eine Aussicht auf Hillesheim im Bereich der ehemaligen **Schwedenschanze** (505 m, 45 Min.).
Der Eifelsteig setzt sich rechts vom Sendemast fort. Ein Grasweg senkt sich zu einer Unterführung hinab. Dort hindurch wandernd kommen wir zu einer kleinen **Kapelle**, wenden uns nach rechts und nach ca. 100 m nach links hinab zur B 421. An ihr werden wir nach rechts Richtung Zentrum geleitet. Spätestens an der großen Kreuzung mit der nach Wiesbaum abzweigenden Straße laufen wir links durch die Fußgängerzone mit ihren Einkehrmöglichkeiten bis zum Graf-Mirbach-Platz und zur Kirche von **Hillesheim (8)**, 15 Min., dem angemessenen Ende unserer heutigen Etappe.

Rechts: Stadtmauer in Hillesheim.

Porträt: Hillesheim

Die Ursprünge des heute etwa 3100 Einwohner zählenden Städtchens Hillesheim gehen wohl auf eine fränkische Siedlung an der Römerstraße zurück. Urkundlich erwähnt wird der Ort erstmals 943. Im Jahre 1376 verlieh Kaiser Karl IV. Hillesheim die Stadtrechte und es wurde die Stadtmauer mit zwölf Türmen und zwei Toren gebaut. Sie wurde mehrmals verstärkt, konnte aber mehrmalige Eroberungen und Brandschatzungen im 17. und 18. Jh. nicht verhindern. 1731 brannte die Stadt total ab. Im 18. Jh. wurde die Stadtmauer zum größten Teil abgebrochen; die Reste werden seit Beginn des 20. Jh. gesichert. – Die gelungene Stadtsanierung macht Hillesheim zu einer europäischen Beispielstadt und zu einem angenehmen Aufenthaltsort für Touristen. Vom Wehrgang der begehbaren Stadtmauer, die auch die Kulisse für die Freilichtbühne bildet, hat man eine schöne Aussicht. Die Pfarrkirche St. Martin birgt eine Stummorgel von 1772, die heute für Orgelkonzerte genutzt wird. – Schriftsteller um Jacques Berndorf haben die Eifel als Krimiland bekannt gemacht. Hillesheim ist die Kriminalhochburg der Eifel. In den historischen Räumen der Alten Gerberei befindet sich das Kriminalhaus mit dem 26.000 Bände umfassenden Deutschen Krimiarchiv, einer Buchhandlung und dem Café Sherlock (siehe Infoblock). Es werden Wanderungen und Führungen auf dem Krimi-Wanderweg angeboten. – An jedem ersten und dritten Donnerstag im Monat findet in Hillesheim ein Krammarkt statt.

■ Ferienregion Gerolsteiner Land, Burgstr. 6, 54576 Hillesheim, www.gerolsteiner-land.de, touristinfo@gerolsteiner-land.de, Tel. 06591/133000.

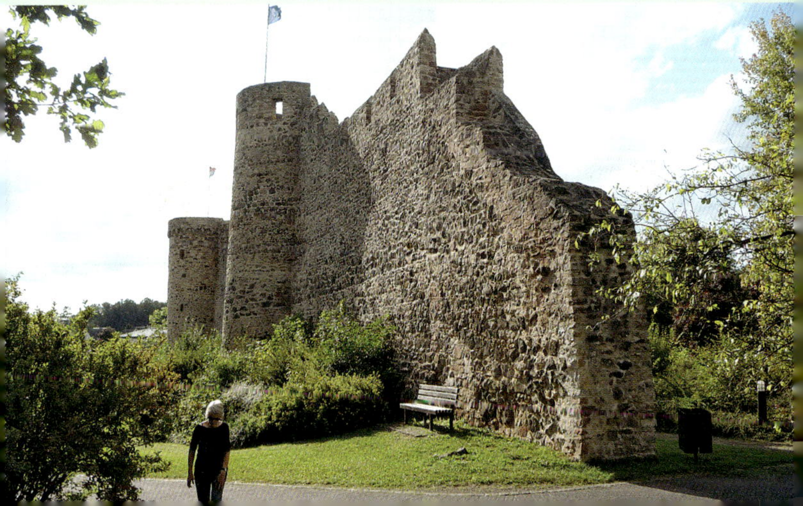

9 Von Hillesheim nach Gerolstein

5.30 Std.
20 km

Durch die Dolomiten der Schalentiere

Nach gemütlicher Wanderung in das Kylltal steigen wir zum Bergstock der Gerolsteiner Dolomiten auf, die einige aussichtsreiche Auf- und Abstiege und schroffe Felsformationen bieten.

Ausgangspunkt: Hillesheim, 458 m. Erreichbar: Mit dem Auto: Von Köln A 1 Köln-Trier bis Autobahnende AS 114 Blankenheim – L 115 – L 26; von Koblenz A 48, von Trier A 1 Autobahnende bei Daun – L 46 – L 67 – B 421; von Aachen B 258 – B 51 – B 421. – ÖPNV: Eifelstrecke (Kursbuch-Nr. 474) Köln – Gerolstein – Trier bis Bf. Oberbettingen – Buslinie 522 (Mo–Fr) nach Hillesheim. – Parken: Vielfältige Möglichkeiten rund um die Altstadt, u. a. am Viehmarkt.
Endpunkt: Gerolstein, 360 m. Rückfahrt: K 47 – K 56.
ÖPNV: Buslinie 522 (Mo–Fr) oder Teilstrecke RE 22 oder RB 24 bis Bf. Oberbettingen. – Taxi Tel. 06591/5656 oder 06591/212 oder 06591/5152.
Höhenunterschied: Aufstieg 480 m, Abstieg 580 m.
Anforderungen: Längere Mittelgebirgswanderung mit einigen Auf- und Abstiegen auf guten Wegen und Pfaden.
Einkehr: In Hillesheim, HR Café Müllisch's Hof in Dohm, Gerolstein.
Unterkunft: Hillesheim siehe Etappe 8. – Nach ca. 10 km, 1 km vom Steig in **Gerolstein-Müllenborn:** Kat. IV: HR Landhaus Müllenborn, www.landhausmuellenborn.de, Tel. 06591/9588-0. – **Gerolstein:** Kat. IV: HR Löwenstein, Tel. 06591/819390, HR Seehotel am Stausee, www.seehotel-am-stausee.de, Tel. 06591/222. – Kat. III: HR Landhaus Tannenfels, www.hotel-landhaus-tannenfels.de, Tel. 06591/4123; Hg Am Brunnenplatz, www.brunnenplatzhotel-molitor.de, Tel. 06591/980898. – Kat. II: P Krämer, www.pension-kraemer.de, Tel. 06591/3858. – JH Gerolstein, www.diejugendherbergen.de, Tel. 06591/4745. – **Camping:** Feriendorf Bungalowpark Felsenhof am Stausee, www.felsenhof.de, Tel. 06591/3129; Campingplatz Oosbachtal, www.camping-oosbachtal.de, Tel. 06591/7409.
Information: Ferienregion Gerolsteiner Land, Bahnhofstr. 4, 54568 Gerolstein, www.gerolsteiner-land.de, touristinfo@gerolsteiner-land.de, Tel. 06591/133000.
Tipps: Adler- und Wolfspark Kasselburg in Pelm, Flugvorführungen von Raubvögeln und Wolfsfütterungen, in Vollmondnächten Juni–September Wolfsnächte, geöffnet 1. März – 31. Oktober täglich 10–18 Uhr (www.adler-wolfspark.de, Tel. 06591/4213). – Naturkundemuseum im Alten Rathaus (insbesondere Wissenswertes zur Erdgeschichte der Region, Tel. 06591/5235). – Betriebsbesichtigungen bei Gerolsteiner Brunnen (www.gerolsteiner.de, Tel. 06591/14238). – Themenwanderungen im Vulkaneifel European Geopark Gerolsteiner Land (www.gerolsteiner-land.de, Tel. 06591/949910).

Wir starten im Zentrum von **Hillesheim (1)** am **Graf-Mirbach-Platz** neben der Kirche und erreichen über den Burgweg die beeindruckende Stadtmauer, die auch begangen werden kann. Durch eine kleine Parkanlage und hinab über Treppen und über den Sportplatz kommen wir in das **Bolsdorfer Tälchen**, das zu Beginn als Freizeitanlage gestaltet ist. An einem kleinen See erwarten uns Rastplätze und ein Informationspavillon. Wir wandern rechts am See entlang und können den Barfußpfad benutzen, um in die freie Landschaft zu gelangen. Wir passieren einen Rastplatz und folgen dem sich verengenden Tal bis **Bolsdorf (2)**, 35 Min. (Café am alten Backhaus, Mo Ruhetag). Am Spritzenhaus vorbei setzen wir unseren Weg am Bach entlang bis ins breite **Kylltal** fort, wobei wir vor der Kläranlage rechts abbiegen müs-

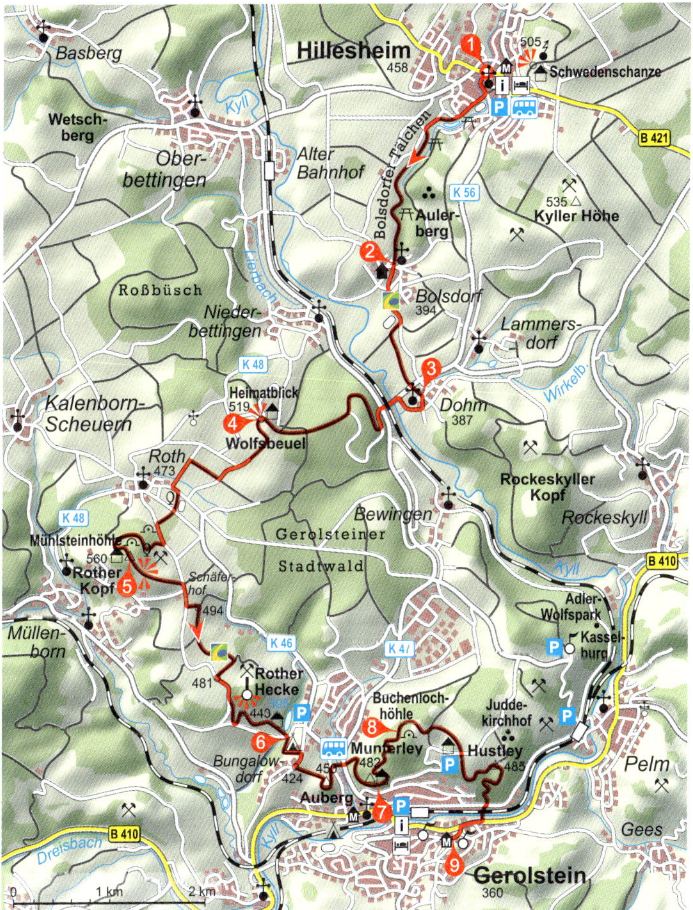

sen und diese anschließend umgehen. Vor dem Straßendamm werden wir nach rechts auf einen Grasweg geführt, um die K 56 unterqueren zu können, und gelangen nach **Dohm (3)**, 25 Min.

Wir wenden uns zu der auf einem Hügel stehenden romanischen Kirche, verlassen den Ort und überwinden die Kyll und die Eisenbahnlinie auf einer Straßenbrücke. Nun werden wir, auch dem Wegweiser »Beilstein« folgend, in einer großen Schleife in den gegenüberliegenden Wald hinaufgeführt. Auf Waldwegen mit geringer werdender Steigung kommen wir zur **Heimatblickhütte (4)**, 45 Min. (Grillhütte, großer Rastplatz, Kinderspielplatz, Ausblick

Auf der Kalkhochfläche.

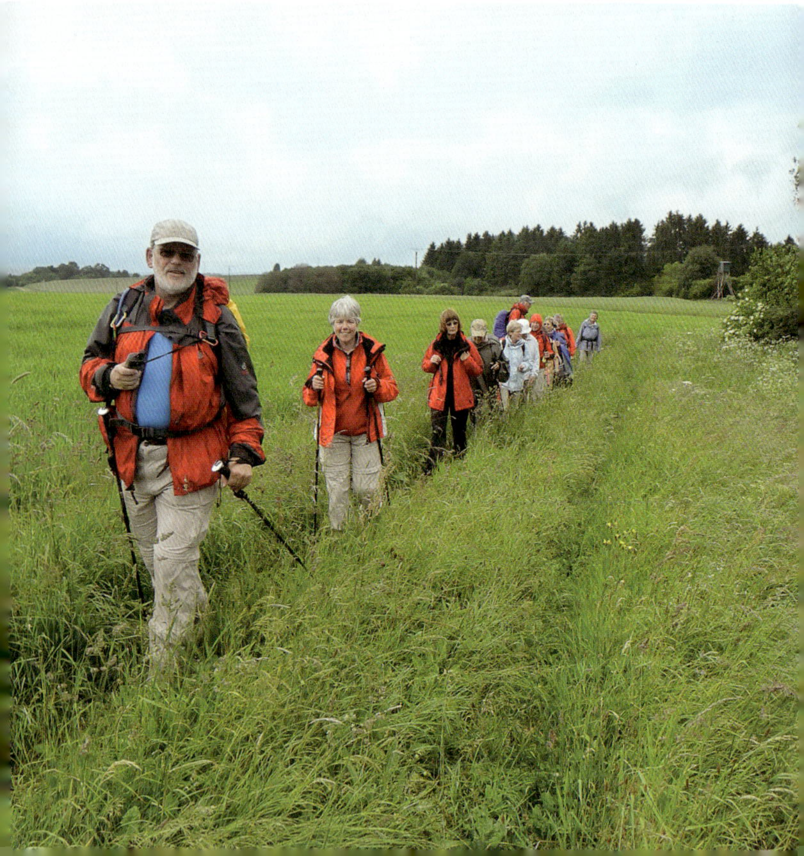

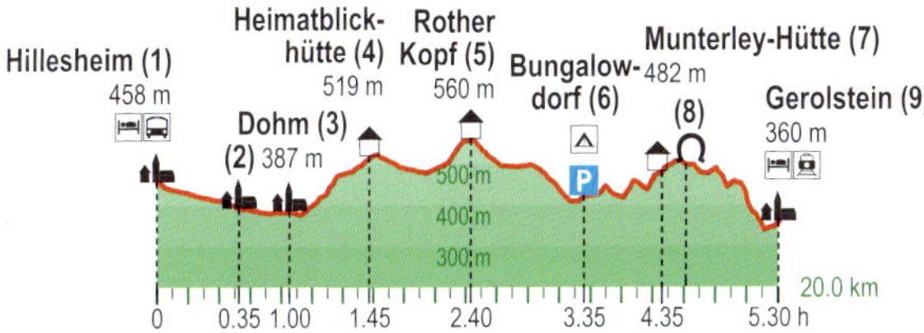

nach Norden, ca. 50 m weiter anschaulicher geologischer Aufschluss einer Wand aus Tuff).

Hier führt in rechtem Winkel zu unserer bisherigen Route ein Pfad in den Wald hinauf. Dann kehren wir dem Wald den Rücken und gelangen durch Wiesen und Felder an den Ortsrand von **Roth** (473 m). Wir umgehen den Ort östlich, wobei uns ein größerer Tuffsteinabbau im Wald auffällt. Am Wegweiser »Mühlsteinhöhlen« werden wir vom Teerweg durch den Wald zum Rother Kopf hinaufgeleitet und kommen zur verschlossenen Eishöhle und zum schräg darüber liegenden Spalt der **Mühlsteinhöhle**. Hier bietet sich die reizende Gelegenheit, die Höhle mit Hilfe einer Stirnlampe zu erkunden. Oberhalb der Höhle stoßen wir auf ehemalige, inzwischen moosüberwachsene Tagebautätigkeit und herausgearbeitete Mühlsteine. Bei Austritt aus dem Wald können wir an der Hütte auf dem **Rother Kopf (5)**, 55 Min., eine Rast einlegen.

Wenige Meter nach der Hütte werden wir für den Aufstieg mit einer herrlichen Fernsicht nach Süden und über den Tuffsteinabbau hinweg nach Norden belohnt. Ein wunderschöner Pfad führt durch die mit Gräsern bewachsene Flanke des ehemaligen Vulkans. Danach passieren wir den Schäferhof auf asphaltiertem Wirtschaftsweg und biegen links in einen sich absenkenden Grasweg ein. Zunächst an Waldrändern entlang, auf unterschiedlichen Belägen und mit mehreren Richtungsänderungen, aber gut geleitet von der Markierung des Eifelsteiges, laufen wir zum Wasserwerk hinab. Hier gehen wir links, dann rechts abwärts und links-rechts zum kleinen **Stausee** mit Schutzhütte. Wir wandern rechts ein Stück um den See, dann rechts einen Pfad hinauf zum **Bungalowdorf (6)**, dort nach links und durch den Haupteingang (424 m, 55 Min.) hindurch.

Dort wenden wir uns links durch eine Wiese zur sichtbaren Felsspitze des **Auberges**. Wir umwandern den Felsen im Wald entgegen dem Uhrzeigersinn, queren die K 47 (Bushaltestelle) und steigen sogleich gegen die **Munterley** an. An einer Kreuzung wählen wir den oberen schmalen, felsigen Pfad, der fast eben unter den Türmen und Wänden der Munterley entlangführt. Schließlich steigen wir weiter bis zur **Munterley-Hütte (7)** auf (482 m, 60 Min.), wo wir den Ausblick nach Süden und auf das unter uns liegende Gerolstein genießen dürfen.

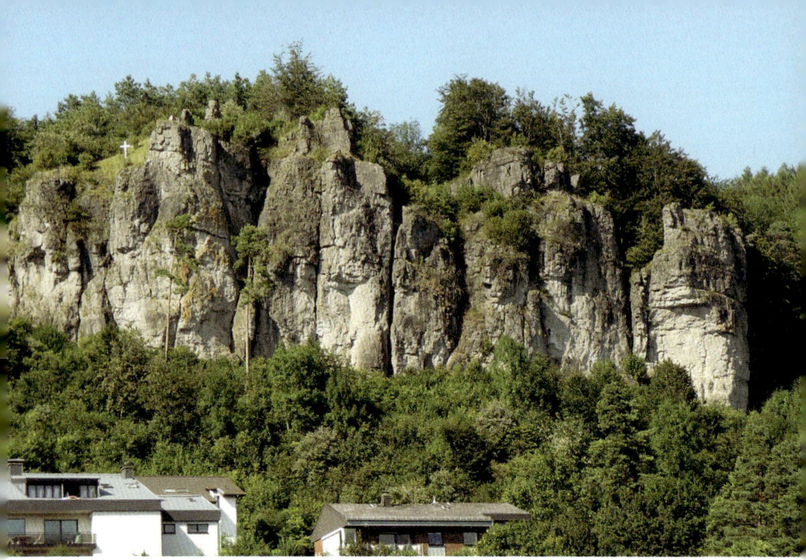

Gerolsteiner Dolomiten.

*Damit befinden wir uns inmitten der **Gerolsteiner Dolomiten**. Deren Ursprung liegt vor etwa 360 Mio. Jahren im tropischen Devonmeer, in dem Korallen und Schalentiere lebten und verendeten. Durch chemische Prozesse verwandelte sich ihr Kalk in Dolomit. In der Erdneuzeit wurden die Dolomitschichten durch Vulkane durchstoßen. Die postvulkanischen Kohlensäureentgasungen (Motetten), u. a. im Kylltal, bilden die Grundlage der Mineralwasserindustrie.*

Der Eifelsteig verläuft nun überwiegend auf Pfaden durch Buchenhochwald zur **Buchenlochhöhle (8)**. Über Treppenstufen hinauf, können wir einen Blick in die Höhle werfen. Wir folgen weiter dem Pfad durch den Hochwald, anschließend unbefestigten Wegen bis zu einer Grillhütte an der **Papenkaule**. Den nach links führenden Asphaltweg nutzen wir nur sehr kurz und biegen rechts in einen Grasweg ein. Durch Wiesen kommen wir zur **Hustley** (485 m, 40 Min.). Bevor wir den Juddekirchhof (Grundmauern eines keltisch-römischen Tempelbezirks) erreichen, biegen wir rechts ab. Nun geht es durch Wald nur noch abwärts, bis wir im Tal auf einem Steg die Eisenbahnlinie und die Kyll überqueren. An der B 410 gehen wir rechts nach **Gerolstein (9)**. An der abzweigenden Mühlenstraße (360 m, 15 Min.) müssen wir uns entscheiden, ob wir der B 410 (Brunnenstraße) zum Bahnhof und den dortigen Parkplätzen oder der Mühlenstraße hinauf in die Fußgängerzone folgen wollen.

Porträt: Gerolstein

Das ca. 7500 Einwohner zählende Städtchen Gerolstein ist weltbekannt durch sein **Mineralwasser**, der Ausfluss der vulkanischen Tätigkeit ist zu probieren am Helenenbrunnen auf dem Brunnenplatz. Der Raum war schon früh besiedelt. Im Buchenloch wurde eine steinzeitliche Besiedlung nachgewiesen. In der Bronzezeit nutzten die Kelten die Dietzenley als Fliehburg und auf der Hustley befand sich eine keltisch-römische Kultstätte. Aus römischer Zeit sind Baureste vorhanden.

Der Bau der **Burg Gerhardstein** (Löwenburg) über Gerolstein ist für das Jahr 1115 belegt. Die Burganlage besteht aus der Vorderburg, von der die 11 m hohe mittelalterliche Schildmauer erhalten ist, und der von ihr durch einen Halsgraben getrennten Haupt- oder Hinterburg (prächtige Aussicht auf die Stadt, das Kylltal und die Gerolsteiner Dolomiten, dem 360 Millionen Jahre alten devonischen Kalkriff). Im Jahre 1691 wurden Burg und Stadt durch jülische Truppen fast vollständig zerstört. In den Jahren 1708 und 1784 wüteten Stadtbrände. Im Frieden von Luneville 1801 wurde Gerolstein französisch, nach dem Wiener Kongress 1815 preußisch. Letzterem Umstand hat Gerolstein auch die 1907–1913 in prunkvoller Ausstattung des Kaiserreiches erbaute Evangelische **Erlöserkirche** zu verdanken (Besichtigung nur im Rahmen von Führungen, Ostern–Oktober, Mi und Sa, 11–15 Uhr). Im Zweiten Weltkrieg wurde der frontnahe Eisenbahnknoten Gerolstein zu 80 % zerstört.

■ Tourist-Information Ferienregion Gerolsteiner Land, Bahnhofstr. 4, www.gerolsteiner-land.de, touristinfo@gerolsteiner-land.de, Tel. 06591/133000.

Blick auf Gerolstein.

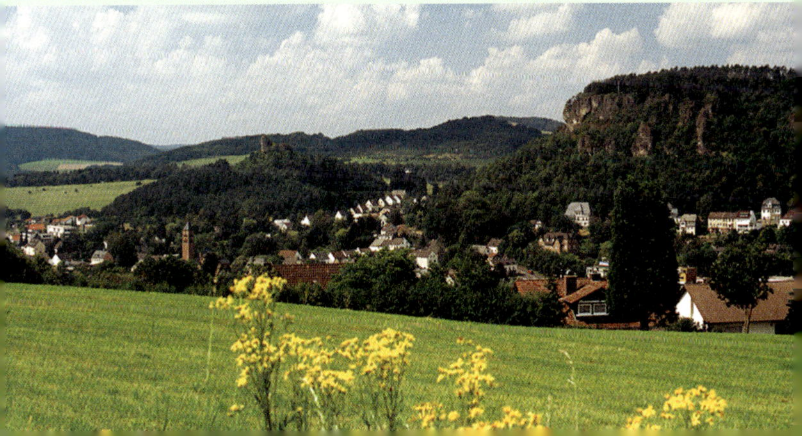

10 Von Gerolstein nach Daun

7.00 Std.
24,5 km

Durch das Land der Mineralsprudel

Die lange und waldreiche Wanderung führt über die höchsten Höhen der Vulkaneifel. Highlights sind die Weitblicke von den Berggipfeln und der Bild in einen Vulkanschlot.

Ausgangspunkt: Gerolstein, 360 m. Erreichbar: Mit dem Auto: Von Köln A 1 Köln-Trier bis Autobahnende AS114 Blankenheim – L 115 – L 26 (Hillesheim) – K 56 – K 47; von Koblenz A 48, von Trier A 1 bis Autobahnende bei Daun – L 46 – L 67 – B 410. – ÖPNV: Eifelstrecke (Kursbuch-Nr. 474) Köln – Trier; von Koblenz Bahnstrecke nach Trier (Kursbuch-Nr. 690) mit IC, RE 1 oder RB 81 bis Cochem Bf./Buslinie 500 RegioRadler Vulkaneifel – Gerolstein. – Parken: Am Bahnhof.

Endpunkt: Daun, 435 m. Rückfahrt nach Gerolstein: L 28–L 27. – ÖPNV: Mit der Eifelquerbahn (www.eifelquerbahn.de, Tel. 06591/94998710) Sa, So, feiertags von Anfang Mai bis Ende Oktober 6x, Mo–Fr von Anfang Juli bis Ende August 3x, oder Buslinie 500 RegioRadler Vulkaneifel oder Buslinie 504 (Mo–Fr). – Taxi Tel. 06592/2222, 06592/3535, 06592/3131 oder 06592/515.

Höhenunterschied: Aufstieg 820 m, Abstieg 760 m.

Anforderungen: Die lange Wanderung mit einigen Aufstiegen auf eine Höhe von über 600 m und teils etwas langatmigen Streckenabschnitten erfordert viel Ausdauer.

Einkehr: Gerolstein, Neroth, Daun.

Unterkunft: **Gerolstein** siehe Etappe 9. – Nach ca. 11 km in **Neroth:** Kat. III: HR Zur Neroburg, www.neroburg.de, Tel. 06591/3445; HR Am Eifelsteig, Tel. 06591/98 47 17, www.hotel-am-eifelsteig.de. – Gut 3 km vor dem Ziel in **Daun-Neunkirchen:** Kat. II: Neunkirchener Mühle, www.neunkirchener-muehle.de, Tel. 06592/3693. – Kat. II: Pension Jehnen, www.pension.jehnen.de, Tel. 06592/4064. – Ca. 1 km von Neunkirchen in **Daun-Steinborn:** Kat. IV: HR Beim Brauer, www.beim-brauer.de, Tel. 06592/2941. – **Daun:** Kat. V: HR Schloss-Hotel Kurfürstliches Amtshaus, www.daunerburg.de, Tel. 06592/9250; HR Panorama, www.hotelpanorama.de, Tel. 06592/9340; HR Sporthotel & Resort Grafenwald, www.sporthotel-grafenwald.de, Tel. 06592/7130. – Kat. III: HR Zum goldenen Fässchen, www.goldfass.de, Tel. 06592/3097; HR Beim Heines, www.beimheines.de, 06592/982090. – JH Eifelmaar-Jugendherberge Daun, www.diejugendherbergen.de, Tel. 06592/2884.

Information: Tourist-Information Ferienregion Gerolsteiner Land, www.gerolsteiner-land.de; touristinfo@gerolsteiner-land.de, Tel. 06591/133000. – Tourist-Information Daun, www.gesundland-vulkaneifel.de, info@gesundland-vulkaneifel.de, Tel. 06592/95130.

Tipps: Daun: Einkehr im Innenhof des Restaurants Burghof. – Kneippen im Kurpark. – Ballonfahren (www.eifel-balloning.de, Tel. 06592/985465) oder Fliegen (www.flugplatz-daun.de, Tel. 06592/2976 oder 2755) über die Maare. – Eifel-Vulkanmuseum Daun (Vulkanismus im Raum Daun, www.vulkaneifel.de/eifel-vulkanmuseum, Tel. 065 92/985353). – Wild- und Erlebnispark Daun und Sommerrodelbahn (www.wildpark-daun.de, Tel. 06592/3154). – Klassikkonzerte am Gemündener Maar, Mitte Juni–Anfang August (www.klassikaufdemvulkan.de, Tel. 06592/951312). – Eifel-Krimi-Festival in Daun jeweils im September eines ungeraden Jahres (www.tatort-eifel.de). – Veranstaltungen im Forum Daun (www.forum-daun.de, Tel. 06592/951312).

Die lange Etappe nach Daun beginnen wir in der Mühlenstraße von **Gerolstein (1)**. Diese erreichen wir durch die Fußgängerzone oder – leichter zu finden – vom Bahnhof und den dortigen Parkplätzen der B 410 (Brunnenstraße) nach Osten folgend. Am oberen Ende der Mühlenstraße bzw. der Fußgängerzone befindet sich eine Straßenspinne. Dort folgen wir ca. 50 m der Hauptstraße und steigen auf einem Treppenweg zum **Burgberg** über der Stadt empor. Mit zunehmender Höhe öffnet sich immer mehr der Blick auf die Gerolsteiner Dolomiten. Der kurze Abstecher in die Ruine Gerhardstein, auch Löwenburg genannt, lohnt alleine wegen der Aussicht über Gerolstein und das Kylltal.

Zurück aus der Burg, biegen wir links in die Gerolstraße ein, die uns in eine Senke und zum Waldrand führt. Rechts der Schautafel folgen wir dem Waldweg zum Heiligenstein und zweigen nach ca. 500 m rechts auf einen Serpentinenpfad ab, der uns zwischen Felsen in einen Sattel hinaufbringt. Dort sollten wir den 100 m kurzen Abstecher zum Gipfel des **Heiligenstein (2)** nicht auslassen (ca. 515 m, 40 Min., Schutzhütte). Er bietet eine sehr lohnende Aussicht auf die Gerolsteiner Dolomiten und die Kasselburg.

Durch einen Hochwald Kalk liebender Buchen steigen wir im Südhang ab, durchstreifen kurz eine blühende Wiese und tauchen wieder in den Wald ein. Wir folgen nun auch der Wegweisung zur **Büschkapelle (3)**, die wir etwa 30 m rechts neben dem Eifelsteig auffinden. Auch danach benutzen wir brei-

Morgennebel im Kylltal.

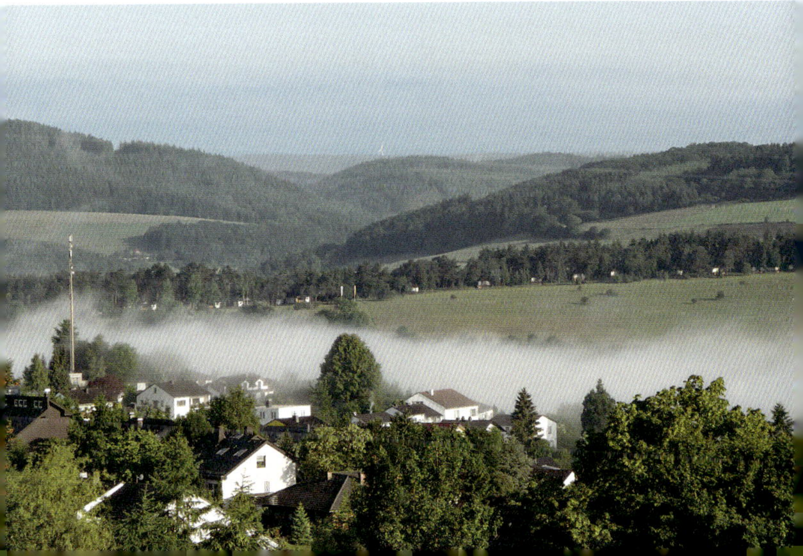

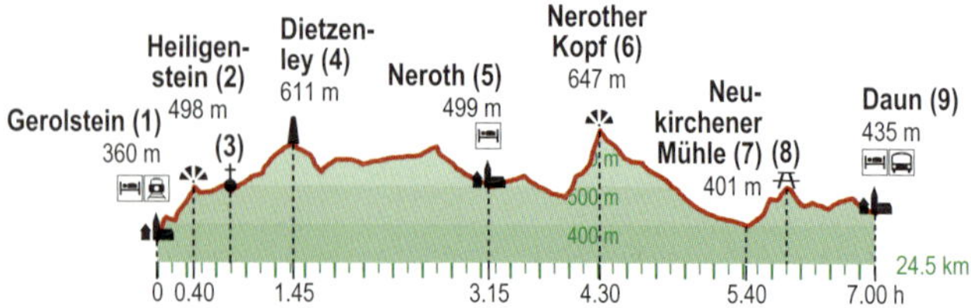

te Forstwege für unser Weiterkommen. Wir passieren das bereits im Jahr 1680 gesetzte steinerne **Grafenkreuz** und wenden uns am Wegweiser »Gerolsteiner Stadtwald« nach links. Ab dem **Davitskreuz** geht es steiler, zuletzt über einen Treppenpfad, zur **Dietzenley (4)** und zu deren Aussichtsturm hinauf (611 m, 65 Min., keltischer Ringwall, Aussicht auf Gerolsteiner Dolomiten, Kasselburg sowie Hohe Acht und Nürburg am östlichen Horizont). Gut geleitet vom Logo des Eifelsteigs steigen wir nach Norden gegen den Heidkopf ab und wenden uns dann in südliche Richtung. Dabei bewegen wir uns überwiegend auf angenehmen Waldwegen. Anschließend werden uns lediglich geschotterte Forstpisten durch den Pelmer Wald angeboten (Rastplatz an der Flemmingshöhe).

Erst wenn wir ab einem Rettungspunkt links einem Seitentälchen des Enzenbaches folgen, wird die Wanderung wieder angenehmer. Nachdem wir den Enzenbach gequert haben, kommen wir durch blühende Wiesen bis vor den Ortsrand von **Neroth (5)**, 90 Min. (ca. 900 m bis Neroth, Einkehrmöglichkeiten).

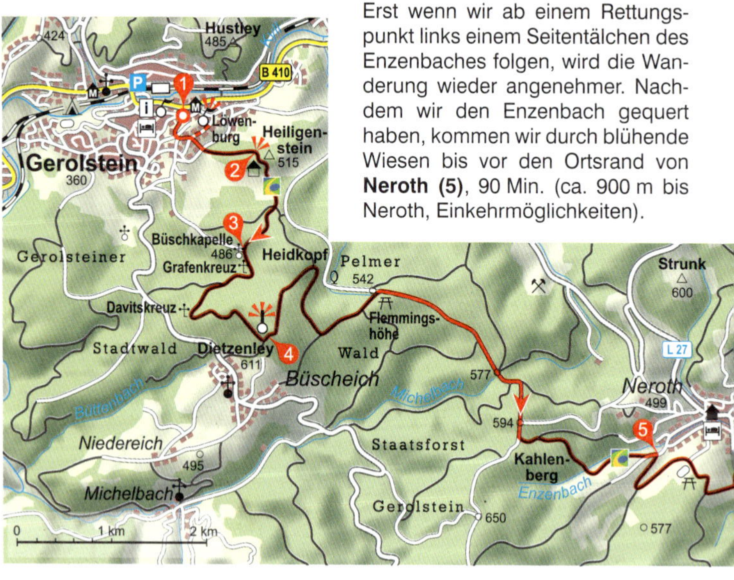

Die Einwohner des Dörfchens ***Neroth*** *sicherten im 19. Jh. ihren Lebensunterhalt durch den Bau und Verkauf von Mausefallen. Im einzigen* ***Mausefallenmuseum*** *der Welt ist diese Tradition dokumentiert (geöffnet von April bis Oktober Mi von 14–16 Uhr, Fr von 15–17 Uhr; für Gruppen nach Voranmeldung auch ganzjährig, www.neroth.de/museum, Tel. 06591/5822).*

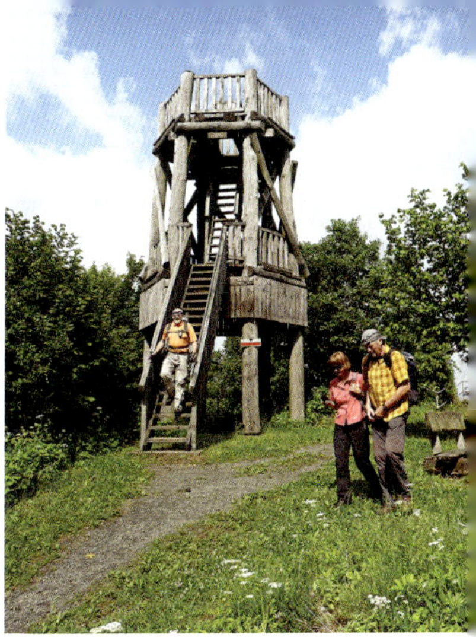

Aussichtsturm auf der Dietzenley.

Wir entfernen uns wieder von dem Ort und umgehen ihn letztlich südlich bis zur Einfahrt zu Sport- und Tennisplätzen (Rastmöglichkeit). Sehr angenehm geht es auf einem Grasweg am Waldrand aufwärts zu einer Bank, wo wir u. a. auf den Nerother Kopf und den dortigen Gesteinsabbau blicken. Durch Wiesen wandern wir zu Tal, queren die L 27 an einem Parkplatz zur Kläranlage hinab, überschreiten den Bach und folgen ihm etwa 300 m. An einer Furt und einem Steg beginnt links der steile und anstrengende Aufstieg zum Nerother Kopf, den man zwischendurch an einer Schutzhütte (»Pilz«, Aussicht) unterbrechen kann. Am Gipfel des **Nerother Kopfes (6)**, 75 Min. (schattiger Rastplatz), haben wir einen beeindruckenden Blick in den ehemaligen Vulkan, der teilweise einem Gesteinsabbau »zum Opfer gefallen« ist. Wir treffen auf die Mauerreste der **Burg Freudenkoppe**.

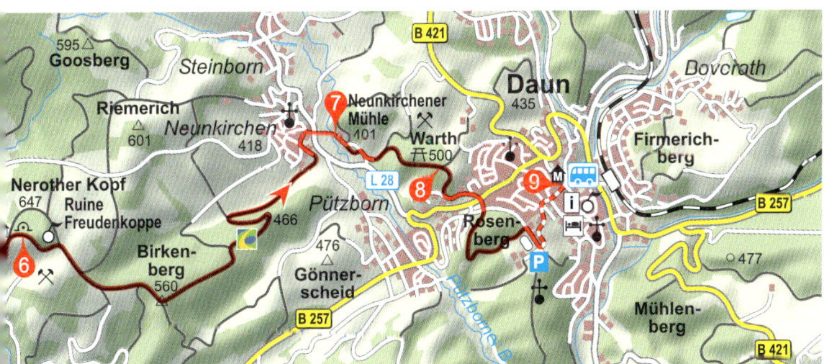

Beim Abstieg überwinden wir am Waldrand eine kleine Windwurffläche, die der Orkan Xinthia im Februar 2010 hinterlassen hat, auf einem Holzsteg. Nach Durchquerung einer Wiese geht es wieder in den Wald zum **Birkenberg**, wo wir links in einen Pfad einbiegen. Am nächsten breiten Querweg wenden wir uns nach links und bald wieder rechts in eine Wiese. Sobald wir wieder in den Wald eintreten (Achtung, kaum wahrnehmbare Markierung!), wählen wir den linken Weg. In spitzen Winkeln links, dann rechts hinab, wandern wir schließlich an einem Bach entlang und kommen uns links haltend nach **Neunkirchen**. Im Ort kreuzen wir die L 28 und befinden uns wenig später an der **Neunkirchener Mühle (7)**, 70 Min.
Wir laufen nur kurz auf der Fahrstraße weiter, um nach links eine sumpfige Wiese auf einem Holzsteg zu überwinden. Bald danach steigen wir wiederum links zur **Warth (8)** auf und überschreiten den Berg (Rastplatz mit Blick auf Burg Daun) auf schönen Waldwegen und -pfaden mit einigen Richtungswechseln, die gut markiert sind, aber Aufmerksamkeit verlangen. Am Ende führt uns der Alte Neunkirchener Weg links zur B 257. Nachdem wir diese an der Fußgängerampel gequert haben, müssen wir einige Schritte nach rechts tun. Um die **Schulgebäude** herum gelangen wir auf einen Parkplatz und zur Schulstraße. Hier biegt rechts ein Kiesweg (später Erdweg) ab, der südlich um den **Rosenberg** herumleitet. Dabei biegen wir am Rande eines Neubaugebietes am WW Rosenberg scharf links in den Wald. Durch Sportanlagen hindurch erreichen wir wieder die Schulstraße. Die Rosenbergstraße führt uns ins Zentrum von **Daun (9)** hinab. Rechts in der Leopoldstraße finden wir Vulkanmuseum, Tourist-Information, Forum Daun und den Eingang zur Burg (435 m, 80 Min.).

Sumpf an der Neunkirchener Mühle.

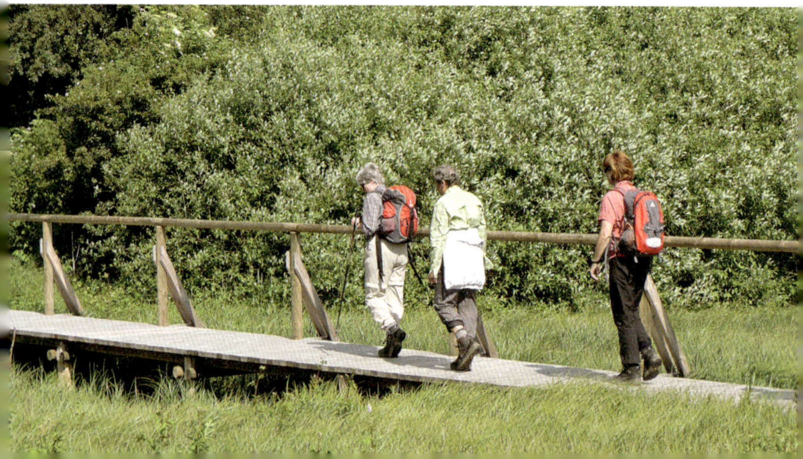

Porträt: Daun

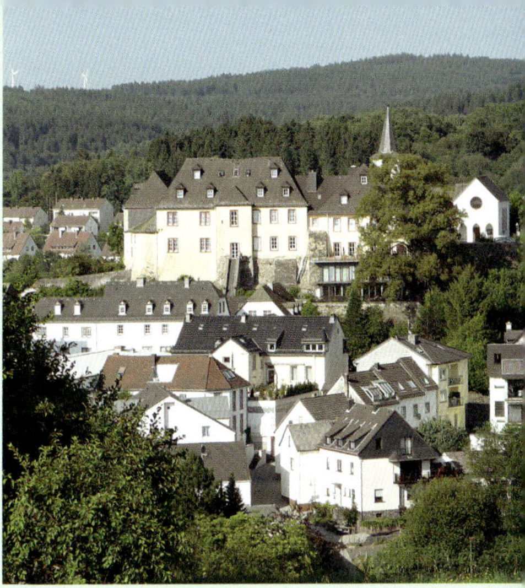

Blick auf Daun.

Die Stadt Daun ist mit ihren ca. 4300 Einwohnern Kreisstadt des Landkreises Vulkaneifel und gleichzeitig heilklimatischer Kurort und Kneipp-Kurort. Als Folge des Vulkanismus ist der Raum Daun reich an Mineralquellen. Die Dauner Sprudelbetriebe können besichtigt werden (www.dauner-sprudel.de; Tel. 06592/951 30). Im Kurpark kann jeder kneippen und aus der Dunaris-Quelle trinken.

Auf dem Basaltberg, der später die Dauner Burg tragen sollte, siedelten bereits im 7. Jh. v. Chr. Kelten. Die Römer nutzten die Erhebung als Wachtposten. Die mittelalterliche Burg entstand um das Jahr 1000 n. Chr. Im Jahre 1353 wurde die Burg durch den Trierer Kurfürsten Balduin teilweise und 1689 durch die Truppen Ludwigs XIV. fast völlig zerstört. Im 14. Jh. entwickelte sich die Siedlung am Fuße der Burg zur Stadt. Seit der preußischen Zeit nach dem Wiener Kongress bis heute ist Daun Sitz des Kreises bzw. des Landrates. Gegen Ende des Zweiten Weltkrieges wurde Daun durch Bomben zu zwei Drittel zerstört, weshalb heute nur noch wenige historische Bauten zu finden sind. Das Ambiente des Kurtrierischen Amtshauses von 1712 auf dem Burgberg nutzt heute ein exklusives Hotel. Von der St.-Nikolaus-Kirche aus dem 11. Jh. hat nur der romanische Turm den Zweiten Weltkrieg überstanden.

Viel bekannter als die Stadt Daun sind die **Dauner Maare** (siehe auch Umschlagbild). Drei von ihnen sind heute mit Wasser gefüllt: Gemündener Maar, Weinfelder Maar oder Totenmaar und das Schalkenmehrener Maar, wobei Letzteres ein Doppelmaar ist, dessen älterer Trichter verlandet ist oder bereits bei der Explosion des jüngeren verschüttet wurde. (Der Eifelsteig-Wanderer sei auf die Informationstafeln am Weg der Etappe 11 hingewiesen.)

■ Tourist-Information Daun, Leopoldstr. 5, www.gesundland-vulkaneifel.de, info@gesundland-vulkaneifel.de, Tel. 06592/95130.

11 Von Daun nach Manderscheid

6.30 Std.
23,2 km

»Schau Dir in die Augen, Eifel!«

Wir steigen zu den drei Dauner Maaren auf, schlängeln uns zwischen ihnen hindurch und wechseln zur Lieser, um ihrem berühmten Pfad zu folgen.

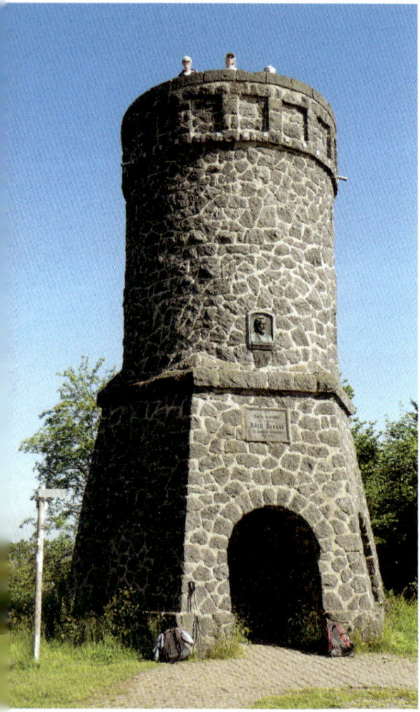

Dronketurm.

Ausgangspunkt: Daun, 435 m. Erreichbar: Mit dem Auto: Von Koblenz A 48, von Trier A 1. – ÖPNV: Bahnstrecke Koblenz – Trier (Kursbuch-Nr. 690) mit IC, RE 1 oder RB 81 von Koblenz bis Cochem Bf./ Buslinie 500 RegioRadler Vulkaneifel – Daun. Von Trier bis Wittlich Hbf./Buslinie 300 RegioRadler MaareMosel – Daun. – Parken: Dauerparken nahe dem Stadion und der Schulen.

Endpunkt: Manderscheid, 373 m. Rückfahrt: L 46. – ÖPNV: Buslinie 300 RegioRadler MaareMosel oder Linie 511 oder 305 (außer So). – Taxi 0171/73510 93. – Gäste-Mobil »Ritter Kunibert« Tel. 06572/ 932665.

Höhenunterschied: Aufstieg 620 m, Abstieg 680 m.

Anforderungen: Längere Wanderung mit am Beginn langem Aufstieg zum Dronketurm über den Maaren. Im Liesertal kurze Auf- und Abstiege durch das Abschneiden von Flussschleifen.

Einkehr: Daun, Schalkenmehren, Üdersdorfer Mühle, Manderscheid.

Unterkunft: Daun siehe Etappe 10. – Nach ca. 2 km am Steig, ca. 0,5 km abseits in **Daun-Gemünden:** Kat. III: HR Landhotel Krolik, www.landhotelkrolik.de, Tel. 06592/2506; HR Berghof, www.hotelberghof-daun.de, Tel. 06592/2891. – Nach ca. 6 km am Steig in **Schalkenmehren:** Kat. III–V: HR Michels Wohlfühlhotel, www.landgasthof-michels.de, Tel. 06592/9280. HR Schneider am Maar, www.hotelschneider.de, Tel. 06592/ 95510; HR Eifellust, www.eifellust.de, Tel. 06592/9848148. – Kat. III: GR Dorfgasthof Schmitz, www.dorfgasthofschmitz.de, Tel. 06592/2330. G Café Maarblick, www.cafe-maarblick.de, Tel. 06592/96660. – Nach ca. 11 km am Steig (Kat. II) GR Üdersdorfer Mühle, www.eifelurlaub-online.de, Tel. 06596/217. – **Üdersdorf:** Kat. II. P Haus Liesertal, www.haus-liesertal.de, Tel. 06596/315. – **Manderscheid:** Kat. III: HR am Ceresplatz, www.hotelamceresplatz.com, Tel. 0170/9643353; HR Heidsmühle, www.heidsmühle.de, Tel. 06572/747; G Haus Sonneck, www.haus-sonneck-eifel.de, Tel. 06572 933644, Pension am Lieserpfad, www.pensionamlieserpfad.com, Tel. 0170/2375311; P Wilhelmsruh, www.wilhelmsruh.com, Tel. 06572/4187. – Kat. I: Strohpension Eifel, www.strohpension-eifel.de, Tel. 06572/4876. – Jugend-Hüttendorf Vulkaneifel, www.feriendorf-Vulkaneifel.de, Tel. 06572/92110, dort auch Camping (www.vulkan-camping.de). – JH: Vulkaneifel-Jugendherberge Manderscheid, www.diejugendherbergen.de, Tel. 06572/557.

Information: Daun siehe Etappe 10. – Tourist-Information Manderscheid, www.gesundland-vulkaneifel.de, info@gesundland-vulkaneifel.de, Tel. 06572/932-665.

Tipps: Maarmuseum Manderscheid (u. a. begehbares Modell eines Maares, www.maarmuseum.de, Tel. 06572/920310). – Historisches Burgenfest auf den Manderscheider Burgen am letzten Augustwochenende (www.burgenfest.info).

Am Weinfelder Maar.

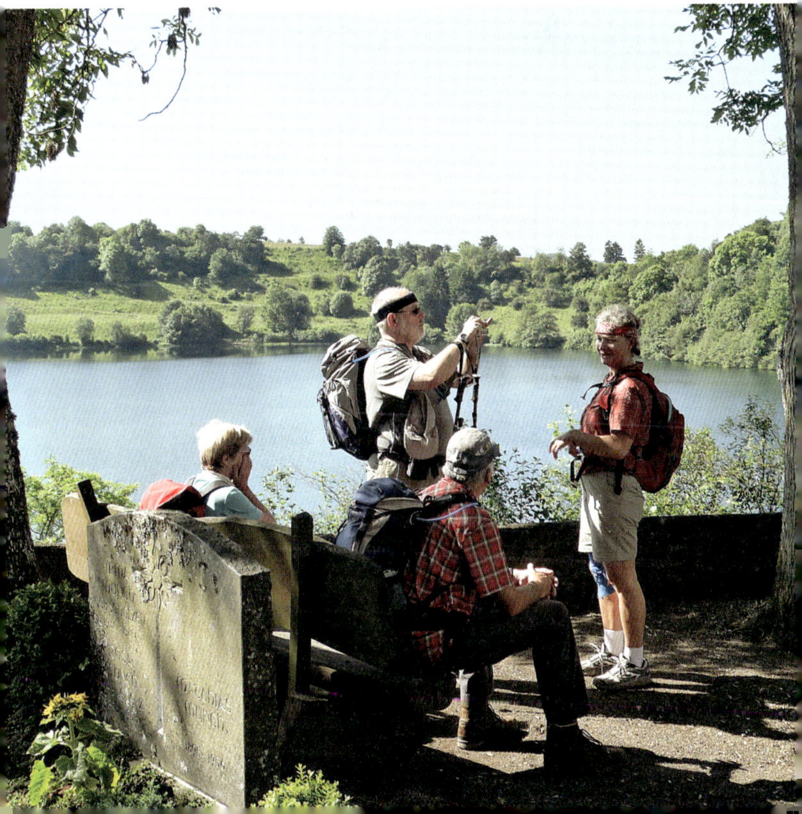

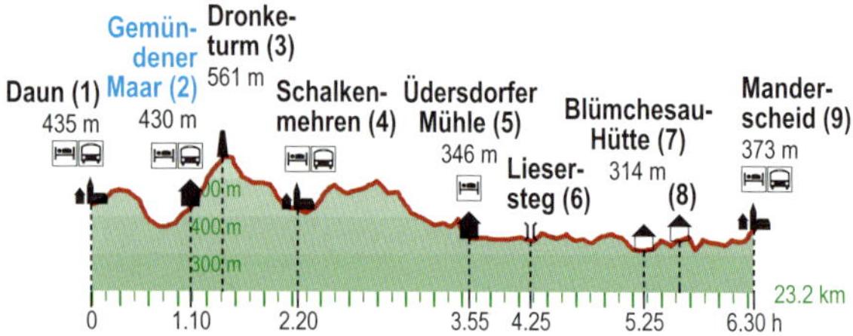

Vom Zentrum von **Daun (1)** folgen wir der Zugangsmarkierung des Eifelsteigs durch die Rosenbergstraße. Vom **Schulzentrum/Stadion** wandern wir links vorbei an der Jugendverkehrsschule in den Wald und steigen auf einem Pfad zum sichtbaren **Kriegerdenkmal** auf. (Der Steig ist gut markiert, verlangt jedoch Aufmerksamkeit!) Direkt vor dem Denkmal rechts abwärts, nach 20 m links im Pfad hinab. Am Waldweg rechts, hinter der Kapelle sogleich links, wieder links auf einen Kiesweg und 60 m danach abermals links hinab zum Philosophenweg. Ihm folgen wir rechts. Nach ca. 150 m beginnt ein langer Waldpfad. Wir queren die Alte Poststraße, überqueren die Lieser und gehen auf dem Seb.-Kneipp-Weg durch den **Kurpark**. Von der Lieserstraße hinauf zur L 46, die wir nach Manderscheid am Hotel-Restaurant Zu den Maaren (Bushaltestelle, Parkplätze) queren, dann laufen wir entlang der Zufahrtsstraße zum **Gemündener Maar (2)** hinauf (430 m, 55 Min. ab Start, Gaststätte, Parkplätze).
Wir steigen nun im Hang des Kraters auf Waldpfaden und -wegen auf, wobei sich immer wieder schöne Ausblicke auf den See öffnen. Die Aussicht vom oberen Kraterrand (560 m, Rastplatz, Schaukelbank) wird noch gesteigert, wenn wir den 1913 errichteten 11 m hohen **Dronketurm (3),** 30 Min., besteigen. Hier bietet sich, das Gemündener Maar zu Füßen, eine herrliche Rundsicht über die Eifel.
Nach etwa 250 m auf ebenem Weg blicken wir bereits auf das tief unter uns liegende **Weinfelder Maar** (Totenmaar) hinab. Wir steigen links zur einsam liegenden **Weinfelder Kirche** (495 m, ehemalige Pfarrkirche des im 16. Jh. an der Pest untergegangenen Dorfes) ab und umrunden den See auf dem Uferweg im Uhrzeigersinn etwa zur Hälfte, bis wir zur L 64 hinaufgehen (505 m, Rastplatz). Nachdem wir die Straße gequert haben, steigen wir in den Krater des **Schalkenmehrener Maars** ab, der nur etwa zur Hälfte mit Wasser gefüllt ist. Dazu wenden wir uns zunächst nach rechts und wählen dann den zweiten Weg links, einen Serpentinenpfad, der uns näher an den See heranbringt, und laufen auf dem Uferweg nach **Schalkenmehren (4)** hinein (422 m, 40 Min., Gaststätten).
Wir folgen der Dorfstraße nach links bis zur Tourist-Information und wenden uns dort nach rechts. Über die Straßen Zur Sternwarte und Zur Scheid ge-

langen wir an den Ortsrand von Schalkenmehren und steigen durch Wiesen und über einen aussichtsreichen Höhenrücken auf. Rechts sind die Kuppeln des **Observatoriums** auf der Hohen List zu sehen. Schließlich queren wir die L 64, die Eifel-Ardennen-Straße, und laufen rechts an der Fachklinik Altburg entlang. Dann senkt sich der Eifelsteig mit scharfen Richtungsänderungen, aber gut markiert, im Wald in ein kleines Tal hinab. Dort treffen wir auf einen einladenden Rastplatz mit Schutzhütte und WC am **Teich** des **Angelvereins Trittscheid** (379 m, 70 Min.). Danach wandern wir nicht auf Asphalt direkt zu Tal, vielmehr schicken uns die Markierungen nochmals in den Wald hinauf. Anschließend steigen wir auf steilem Pfad zur Lieser ab. Wir gehen ca. 200 m auf einem Schotterweg flussaufwärts und queren auf einem Steg zur **Üdersdorfer Mühle (5)** hinüber (346 m, 25 Min., Einkehr- und Übernachtungsmöglichkeit).

Nach verdienter Rast queren wir die L 65 und wandern nun bis Manderscheid auf dem **Lieserpfad** im Liesertal. Zunächst geht es am Rande des Tals auf einem Schotterweg dahin, bis wir auf einem Steg die **Lieser (6)** überqueren können und im Wald aufsteigen (Schutzhütte 100 m vom

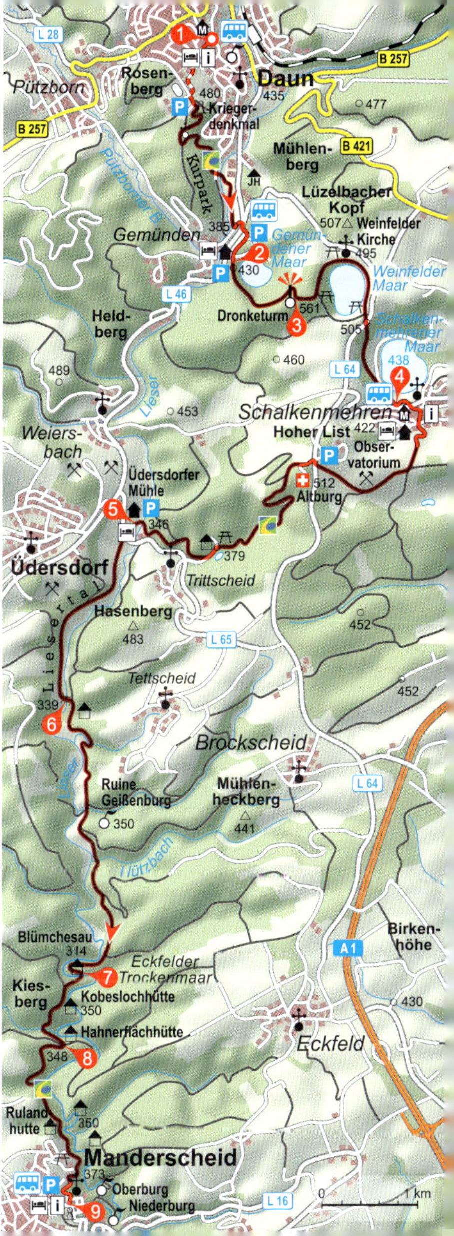

Steig). Wir nehmen rechts einen Schotterweg, wenden uns in ein Seitental und in einer Haarnadelkurve wieder zurück ins Liesertal. Jetzt wird der Lieserpfad vorübergehend tatsächlich zu einem Pfad hoch über dem Flüsschen. Dann folgen wieder Schotterwege. (Es wird uns ein Abstecher zur **Ruine Geißenburg** angeboten.) Den Hützbach überwinden wir über einen Steg. Anschließend schneiden wir auf einer Forstpiste einen Bogen der Lieser ab und erreichen danach die **Schutzhütte Blümchesau (7)**, 90 Min., man beachte das Urpferdchen an der Hütte. (Kurz vorher wird auf das **Eckfelder Trockenmaar**, 200 m vom Steig, hingewiesen. Hier wurde u. a. mit dem Urpferdchen ein sehr bedeutender Fossilienfund gemacht. Der Abstecher ist für Nichtfachleute aber nicht lohnend.)
Wir wechseln auf das in Fließrichtung rechte Ufer der Lieser. Da wir eine Windung der Lieser abschneiden, geht es wieder aufwärts. An der **Kobeslochhütte** haben wir eine schöne Aussicht auf die Mäander der Lieser. Auf einem breiten Schotterweg wandern wir abwärts in ein Seitental, dann vorbei an der **Hahnerflächhütte (8)** und über die Wiese hinauf. Wieder geht es im Wald hinab und in einer Linkskurve über den Ammelbach, wobei wir erneut eine Biegung der Lieser abschneiden. Wir folgen nun, was wir uns vom Lieserpfad erhofft hatten, nämlich einem Felsenpfad. Dieser leitet durch den Talhang vorbei an der **Rulandhütte**, die kaum eine Aussicht bietet, bis wir aus dem Tal nach Manderscheid aussteigen. Dabei erhaschen wir noch einen Blick auf die Manderscheider Burgen. Unsere Etappe endet am Rathaus von **Manderscheid (9)**, 65 Min., zahlreiche Einkehrmöglichkeiten, 300 m zur Haltestelle des Regiobus.

Schalkenmehrener Maar.

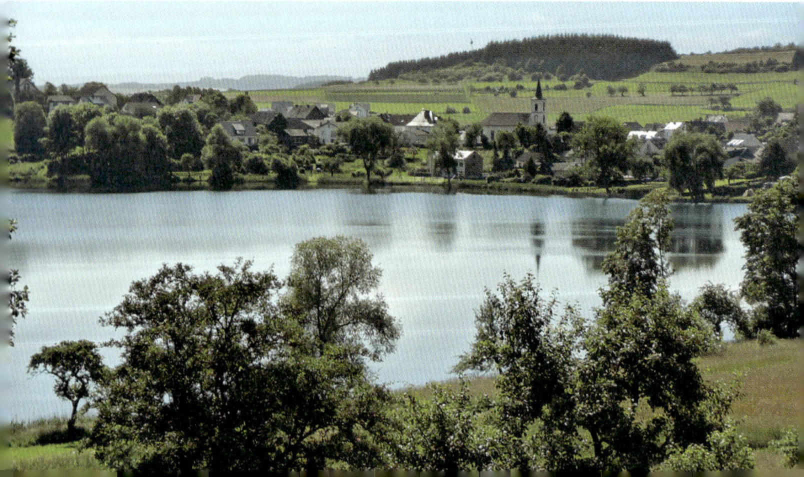

Porträt: Manderscheid und seine Burgen

Das rund 1300 Einwohner kleine Manderscheid ist ein heilklimatischer Kur- und Kneippkurort sowie ein Zentrum für Tagestouristen und Wanderer. Die Attraktion von Manderscheid sind die spektakulär im tief eingeschnittenen Liesertal gelegenen Burgen und der berühmte Lieserpfad. Funde aus der Steinzeit, Hallstattzeit und der Römerzeit weisen auf eine frühe Besiedelung des Raumes hin. Der Ort wird 973 erstmals urkundlich erwähnt. Später wurde Obermanderscheid kurtrierisches Amt und erhielt 1332 Stadtrechte. Ansonsten teilte Manderscheid das Schicksal der linksrheinischen Gebiete: Besetzungen durch französische Truppen, Eingliederung nach Frankreich und nach dem Wiener Kongress 1815 in das Königreich Preußen.

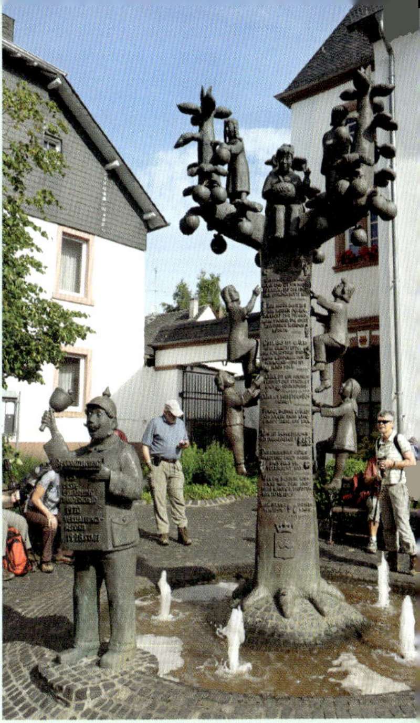

Brunnen in Manderscheid.

Die Existenz und Lage der beiden Burgen dokumentiert den mittelalterlichen Konflikt zwischen dem Kurfürstentum Trier und dem Herzogtum Luxemburg. Die **Oberburg** wurde von den Erzbischöfen von Trier zur Absicherung ihres Gebietes gebaut. Die, getrennt durch die Lieser, in einer Flussschleife errichtete **Niederburg** war der Stammsitz der Herren von Manderscheid, die hier als Vögte der Abtei Echternach auf luxemburgischem Hoheitsgebiet regierten. Kurfürst Balduin von Trier hat die Burg 1346–1348 vergeblich belagert. Zerstört wurden beide Burgen durch die Franzosen. – Heute ist die Oberburg mit ihrem begehbaren Bergfried frei zugänglich und bietet einen herrlichen Blick auf die Niederburg, Manderscheid und das Liesertal. – Die im Besitz des Eifelvereins befindliche Niederburg ist vom 1. März bis 15. November und in den Weihnachtsferien täglich 10.30–17 Uhr zu besichtigen. – Historisches Burgenfest mit Ritterturnier am letzten Wochenende im August.

■ Tourist-Information Manderscheid, Grafenstraße 21, Tel. 06572/932665, www.gesundland-vulkaneifel.de, info@gesundland-vulkaneifel.de.

12 Von Manderscheid zum Kloster Himmerod

5.00 Std.
18,5 km

Felsiger Weg zur Gottseligkeit

Über den berühmten Lieserpfad und schließlich querab zum Zisterzienserkloster Himmerod.

Ausgangspunkt: Manderscheid, 373 m. Erreichbar: Mit dem Auto: A 1 von Trier, A 48 – A 1 von Koblenz, AS 122 Manderscheid. – ÖPNV: Bahnstrecke Koblenz – Trier (Kursbuch-Nr. 690) mit IC, RE 1 oder RB 81 bis Wittlich Hbf./Buslinie 300 RegioRadler MaareMosel. – Parken: Friedrichstraße, Nähe Kreisel/Ceresplatz.
Endpunkt: Kloster Himmerod, 300 m. Rückfahrt: L 34 bis Großlittgen/L 62. – ÖPNV: Buslinie 303 (Mo–Fr) bis Großlittgen/Linie 300 oder 511 (Buslinie 303 auch nach Wittlich und Eisenschmitt). – Taxi Wittlich, Tel. 06571/93339, 06571/91010, 06571/5656 oder 06571/14774.
Höhenunterschied: Aufstieg 440 m, Abstieg 510 m.
Anforderungen: Schmale, aber gut abgesicherte Felspfade durch das Liesertal und mehrere kleine Aufstiege.
Einkehr: Manderscheid, Kloster Himmerod, Tel. 06575/951344, Mo/Di Ruhetag.
Unterkunft: **Manderscheid** siehe Etappe 11. – **Großlittgen-Himmerod:** Kat: II: Gasthof Graf-Zils, am Kloster, www.Gasthof-Graf-Zils.de, Tel. 06575/4480. – Gästehaus der Abtei, www.abteihimmerod.de, Tel. 06575/951380. – 3 km von Himmerod in **Eisenschmitt:** Kat. V: HR Molitors Mühle, www.molitors-muehle.de, Tel. 06567/9660. – Weitere Hotels in **Wittlich**, siehe Etappe 13.
Information: Manderscheid siehe Etappe 11. – Moseleifel-Touristik e. V., www.moseleifel.de, info@moseleifel.de, Tel. 06571/4086.
Tipps: Kloster Himmerod (www.kloster-himmerod.de, Tel. 06575/95130: Alte Mühle mit Museum über Kloster Himmerod und die Zisterzienser, Ausstellungen, Begegnungsstätte; Mo geschlossen, Tel. 06575/951355). – Kunst- und Buchhandlung (täglich geöffnet, Tel. 06575/951328). – Klosterladen mit Klostererzeugnissen (täglich geöffnet, Tel. 06575/901615). – Orgelkonzerte an Sonntagen und viele weitere Veranstaltungen (www.kloster-himmerod.de).

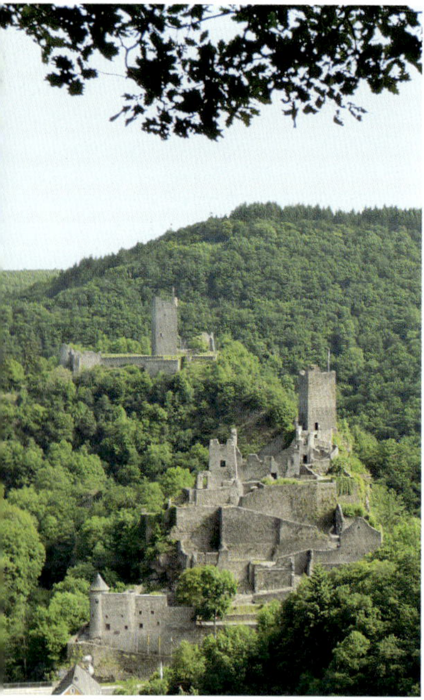

Ober- und Niederburg bei Manderscheid.

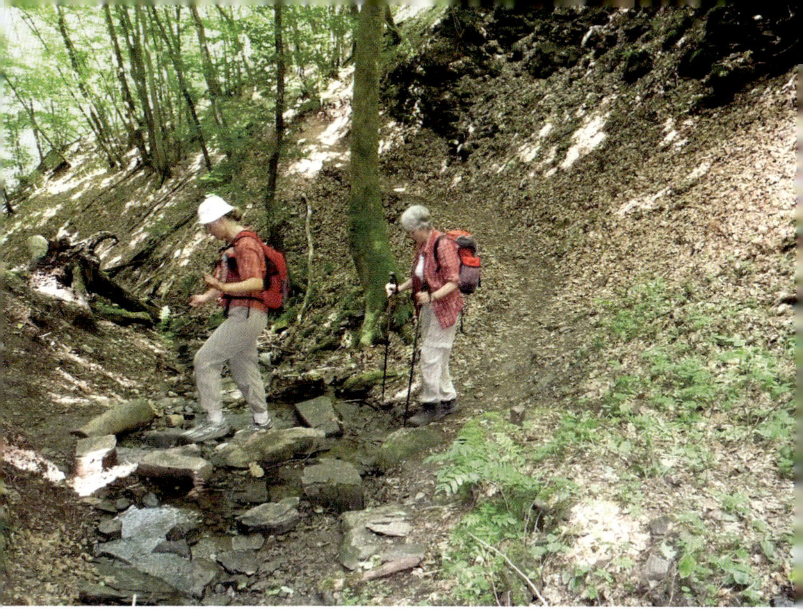

Auf dem Lieserpfad.

An der Kurfürstenstraße in Höhe des Rathauses von **Manderscheid (1)** beginnen wir unsere Wanderung zur Abtei Himmerod. Die Markierung des Eifelsteiges führt uns ein Stück die Kurfürstenstraße hinauf bis zum Hotel Zens, wo wir links in einen Gehweg und schon fast über die Terrasse des dortigen Bistros einbiegen. Vor dem Pavillon halten wir uns halb links und lernen auf diese Weise den **Kurpark** von Manderscheid kennen. (Wer es einfacher mag, biegt von der Kurfürstenstraße bereits ins Postgässchen ein und läuft am Rand des Kurparks entlang.) Dann folgen wir der Grafenstraße nur wenige Meter und zweigen am Ortsrand rechts neben der Straße in einen Weg ab, der sich über weite Strecken fast eben durch den Hang des Liesertals ziehen wird. Der Eifelsteig nutzt jetzt wieder den **Lieserpfad**. Wir genießen einen ersten beeindruckenden Ausblick auf die Niederburg.
An der ersten Weggabelung halten wir uns rechts und befinden uns sogleich an der **Balduinshütte**, wo auch die Oberburg ins Blickfeld rückt. Wenig später gelangen wir zur nur wenige Meter neben dem Steig liegenden Pellenzkanzel und zur **Schmitthütte** (355 m, 20 Min.), die hoch über dem Tal zu schweben scheint. Rechts auf gleicher Höhe bleibend, kommen wir bereits nach 300 m zur Schutzhütte **Robertskanzel (2)**. Auf diesem Wegabschnitt sollten wir uns Zeit lassen und die Ausblicke ins Liesertal und auf die Mander-

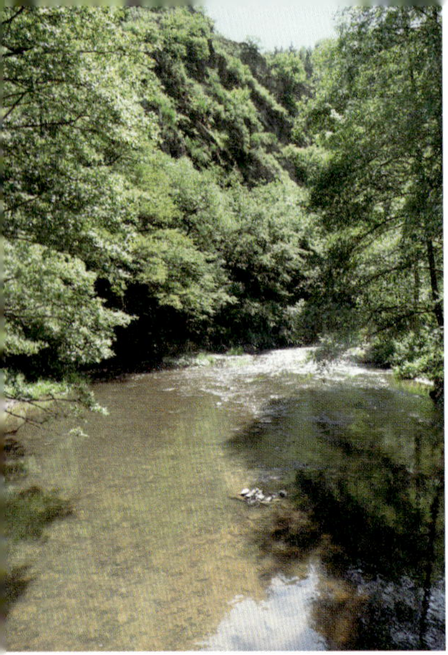

Die Lieser.

scheider Burgen genießen, die sich uns aus unterschiedlichen Perspektiven präsentieren. Der Pfad ist teilweise aus dem Fels gehauen. Tief unter uns schimmert die Wasseroberfläche der Lieser durch das Laub des bewaldeten Hanges. Ab kurz vor bis hinter der **Weifelsjunkhütte (3)**, 40 Min., wird der Felsenpfad von breiteren Wegen unterbrochen. Schließlich steigen wir – uns links abwärts haltend – ins Tal ab und überwinden die Lieser auf einem hölzernem Steg, der **Fallbachbrücke (4)**.

Nun umgehen wir gleich mehrere Mäander der Lieser östlich. Dies bedeutet, dass wir aus dem engen Tal ca. 140 m aufsteigen müssen. Im schattigen Wald führt uns ein Serpentinenpfad aufwärts. Bereits wieder auf einem breiteren Weg genießen wir an einer Bank eine wunderschöne Aussicht auf die Mäander der Lieser. Und wir steigen weiter auf, bis wir nach rechts den Wald verlassen (landwirtschaftlicher Unterstand). Nun geht es zunächst durch Wiesen, dann durch Wald, manchmal steil in kurzen Serpentinen, manchmal fast eben, abwärts und zurück zur Lieser. Später verweist ein Schild nach rechts auf den geologischen Aufschluss des **»Mauslochs«**, einem Durchbruch der Lieser durch die Felsen. Das Mausloch ist auf einem schmalen, steilen Pfad nach etwa 200 m zu erreichen. Von dort kann auf den Eifelsteig zurück gequert werden. Danach wechseln wir an der **Karl-Kaufmann-Brücke (5)** an das rechte Ufer der Lieser (90 Min.).

Dort steigen wir aus dem Liesertal heraus Richtung **Burgberg** auf (ca. 310 m, Rastplatz, Hütte und Aussichtspunkt ca. 300 m vom Weg) und in ei-

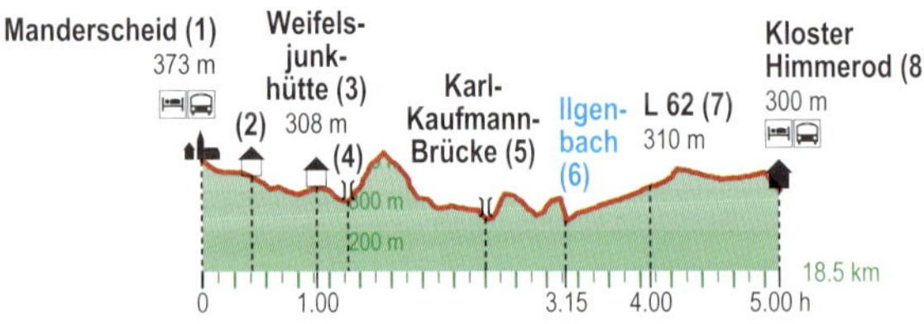

nem engen Seitental wieder zurück zur Lieser. Nicht allzu lange und wir müssen wieder hinaufwandern. Nachdem wir einen Felssporn über dem Fluss passiert haben, geht es auf Serpentinen hinab. Den **Ilgenbach (6)** überwinden wir kurz vor seiner Mündung mittels einer Brücke (224 m, 45 Min.).

Wenige Meter danach verlassen wir das Liesertal und den Lieserpfad endgültig nach rechts! Ein Grasweg führt uns sanft ansteigend im Ilgenbachtal aufwärts. An der ersten Gabelung (Tullischer Graben) gehen wir rechts, an einem kreuzenden Weg von Großlittgen nach Karl weiter geradeaus und erreichen die **L 62 (7)** (310 m, 45 Min.).

Jenseits der Straße lädt eine Bank im Wald zur Rast. Wir wandern ansteigend am Waldrand entlang in den Wald hinein, bis uns eine querende Schotterpiste nach links schließlich wieder aus dem Wald hinausführt. In der freien Landschaft zweigen wir rechts auf einen Schotterweg ab und queren die **K 141** in einen Wiesenweg hinein. Nach rechts nimmt uns ein asphaltierter Wirtschaftsweg auf, der in einen Schotterweg übergeht und in den Wald hineinführt. In der Generalrichtung geradeaus erreichen wir die Parkplätze und jenseits der L 34 das **Kloster Himmerod (8)**, 60 Min. (Einkehr- und Übernachtungsmöglichkeit).

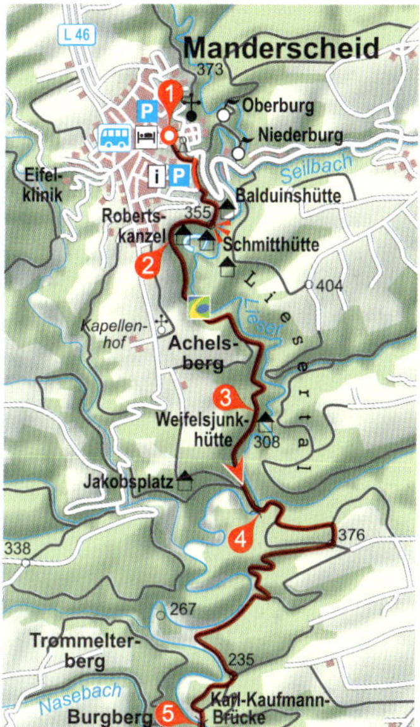

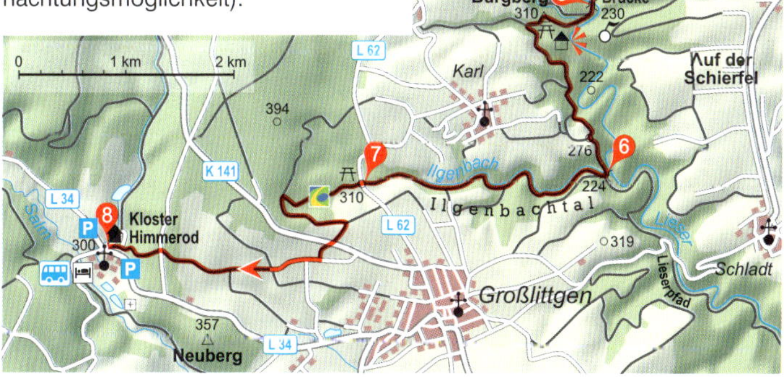

Porträt: Abtei Himmerod

Himmerod war das 14. Zisterzienserkloster und das erste deutsche direkt von Bernhard von Clairvaux gestiftete Kloster. Er bestimmte 1135 persönlich den Standort im Salmtal. Von Himmerod aus wurde 1189 das Kloster Heisterbach im Siebengebirge und von diesem aus wiederum Kloster Marienstatt im Westerwald gegründet. – Die Weihe der romanischen Klosterkirche fand 1178 statt. Die Kirche wurde Mitte des 18. Jh. durch einen im Sinne der Zisterzienser schlichten Barockbau ersetzt, wobei auf Türme verzichtet und nur ein Dachreiter aufgesetzt wurde. Nach Aufhebung des Klosters im Jahre 1802 wurde die Anlage ausgeschlachtet. Im Jahre 1922 erfolgte die Neugründung des Klosters durch Zisterziensermönche aus Marienstatt. Im Zweiten Weltkrieg wurde die Kirche zerstört und danach originalgetreu wieder aufgebaut.

- Abtei Himmerod, 54534 Großlittgen, Tel. 06575/9513-0, www.abtei-himmerod.de (siehe auch Infoblock der 12. Etappe).

Kloster Himmerod.

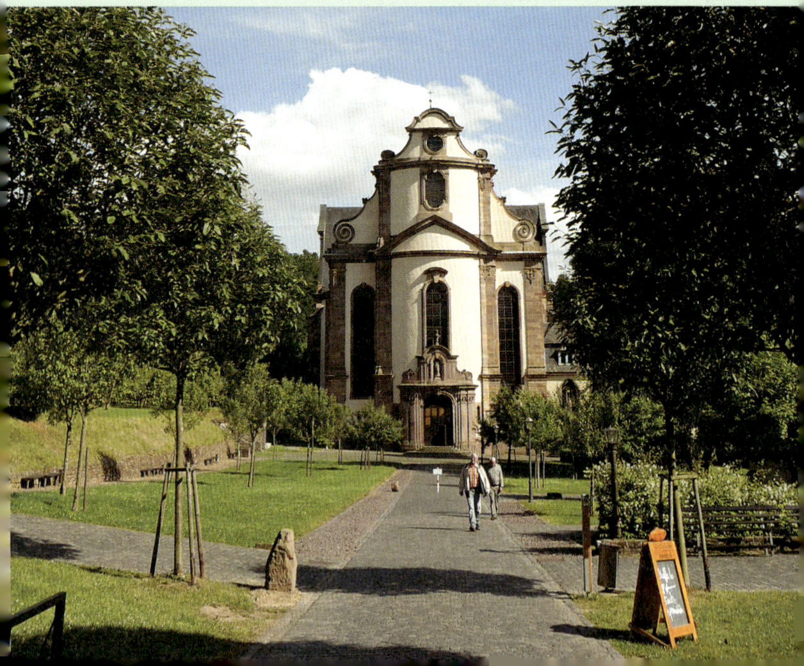

5.30 Std.

20,3 km

Vom Kloster Himmerod nach Bruch 13

Im Tal der Salm

Der Eifelsteig folgt der mäandrierenden Salm, streckenweise auf erlebnisreichen, schmalen Pfaden.

Ausgangspunkt: Kloster Himmerod, 300 m. Erreichbar: Mit dem Auto: Von Koblenz/Trier A 48/A 1 – A 60, AS 9 – Großlittgen – Himmerod. – ÖPNV: Bahnstrecke 690 Koblenz-Trier mit IC, RE 1 oder RB 81 bis Wittlich Hbf./Buslinie 300 bis Großlittgen/Linie 303 (außer So) – Himmerod. – Parken am Kloster.
Endpunkt: Bruch, 188 m. Rückfahrt mit dem Auto: L 50 Binsfeld – B 50 Landscheid – L 60 Großlittgen – L 34. – ÖPNV: Buslinie 325 (Mo–Fr) – Wittlich ZOB/Linie 300 – Großlittgen/Linie 303 (Mo–Fr) – Himmerod. – Taxi Binsfeld, Tel. 06575/95100; Taxi Wittlich, Tel. 06571/93339, 06571/91010, 06571/5656 oder 06571/14774.
Höhenunterschied: Aufstieg 220 m, Abstieg 330 m.
Anforderungen: Wanderung ganz überwiegend im kühlen, schattigen Wald bei geringen Höhenunterschieden; einige Stellen auf schmalem Pfad in steilem, felsigem Hang.
Einkehr: Himmerod, Landscheid: Café Flesch (650 m vom Steig in der Ortsmitte, täglich www.cafe-flesch.de, Tel. 06575/8688). In Bruch keine Einkehr!
Unterkunft: **Großlittgen-Himmerod** siehe Etappe 12. – Nach ca. 7 km, ca. 3 km abseits in **Hupperath:** Kat. III: HR Eifeler Hof, www.eifeler-hof-hupperath.de, Tel. 06571/97470. – Nach 15 km, 1,5 km vom Steig in **Landscheid-Niederkail:** Kat. II: HR Eifel-Hotel Lamberty, www.hotel-lamberty.de, ohne Frühstück und Essen, aber Selbstversorgung möglich, Tel. 0675/95180. – **Bruch:** Kat. IV/III: Bed and Breakfast Burg Bruch, ab 2 Nächte, www.burg-bruch.de, Tel. 06578/1620. – Kat. II: P Familie Pitsch, www.eifelsteig-ferienwohnung-pitsch.de, 9 Gästebetten, Tel. 06578/521 (Frühjahr 2022 vorübergehend geschlossen). – Ca. 5 Straßen-Km von Bruch in **Dreis:** Kat. V: HR Waldhotel Sonora, 3-Sterne-Restaurant, www.hotel-sonora.de, Tel. 06578/98220. – Ca. 8 Straßen-Km vom Steig in **Wittlich:** Kat. IV: HR Vulcano Lindenhof, www.lindenhof-wittlich.de, Tel. 06571/6920; B&B La Roseraie, www.laroseraie-forsthaus.de, Tel. 06571/2754. – Kat. III: Hg Well, www.hotel-well.de, Tel. 06571/91190; HR Wittlicher Hof, www.wittlicher-hof.de, Tel. 06571/97770; HR Landhaus Rotenberg, www.landhaus-rotenberg.de, Tel. 06571/148 00; HR Gasthaus Schneck, Tel. 06571/5692.
Information: Moseleifel-Touristik e. V., www.moseleifel.de, info@moseleifel.de, Tel. 06571/4086.

Wir verlassen den Klosterbereich **Himmerod (1)** durch das Haupttor und werden nach dem Klosterladen links über die **Salm** zum Waldrand geführt. Am Pumpenhäuschen wenden wir uns nach links und folgen dem Lauf des Flüsschens nahe am Ufer. Die Gebäude der Abtei schimmern durch die Blätter des Waldes. Die Salm wird ab jetzt auf fast der gesamten Etappe unsere Begleiterin sein. An einem Wegweiser, der auf einen Soldatenfriedhof hinweist, gehen wir links und ca. 100 m danach wieder links auf einem Pfad zum Fluss hinunter und überwinden ihn auf einem Steg. Wir queren das Tal

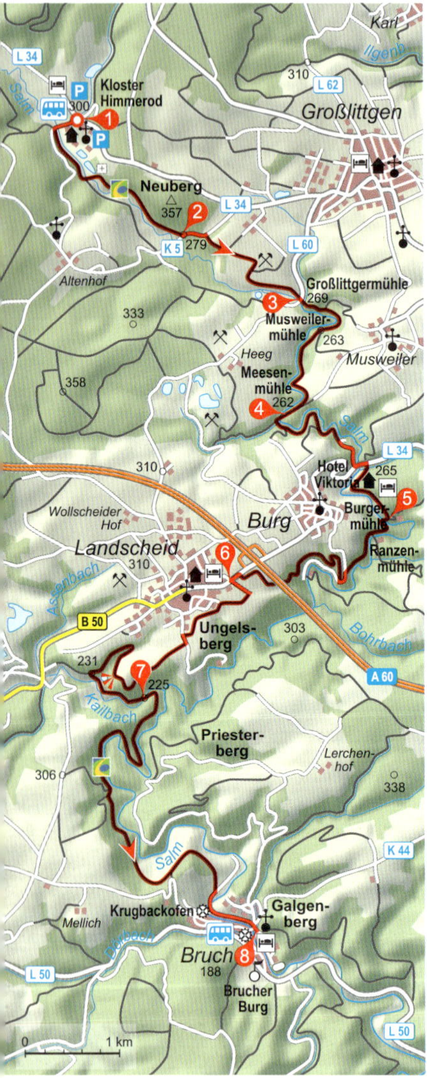

durch eine Wiese und an einem Teich vorbei. Wo der Weg zum Soldatenfriedhof nach links führt, begleiten wir rechts auf einem hinter dem Waldrand verlaufenden schattigen Weg die Salm bis zur **K 5 (2)**, 40 Min.

Wir folgen der Kreisstraße etwa 200 m nach links. Achtung, 20 m nach einer Pumpstation leitet uns ein zu steil angelegter Pfad im Fichtenwald zur Hangkante des Salmtals empor. Dort geht es am Waldrand entlang und vorbei an einer Sandgrube durch Wiesen. Am Hinweisschild zum Landhotel Littcher Hof (z. Z geschossen; Stand 2022) biegen wir rechts ab und halten auf ein Haus zu. Vor ihm wandern wir links zwischen Wiesen und Wald durch Gras, bis uns rechts ein Pfad zur Salmbrücke an der L 60 und zur **Großlittgermühle (3)**, einer ehemaligen kurtrierischen Mahl- und Ölmühle von 1587, hinabführt (269 m, 30 Min.).

Nun folgen wir der Salm an ihrem linken Ufer. Sehr bald gelangen wir zu einem geologischen Aufschluss aus dem Devon, dessen Besonderheiten auf einer Schautafel im Rahmen der Georoute Manderscheid erläutert sind. Wir passieren ein Haus und einen Hochsitz am Abzweig Musweiler sowie die **Musweilermühle**. Der Weg ist zwischenzeitlich zu einem Pfad geschrumpft. Bald finden wir uns auf einem sehr idyllischen Pfad im Wald wieder, der den natürli-

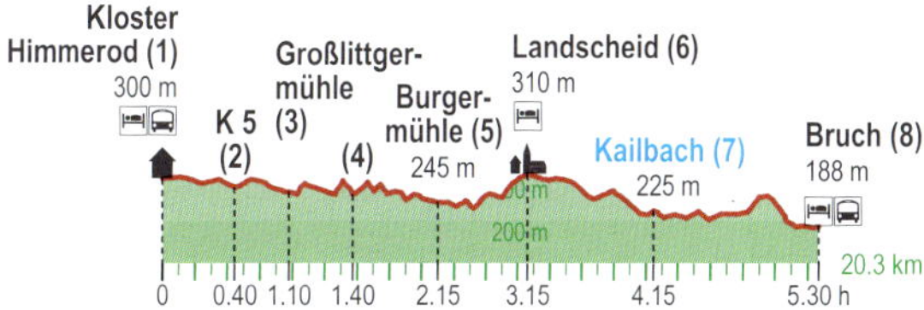

chen Lauf der Salm begleitet, die an ihren Prallhängen senkrechte Felspartien herausgearbeitet hat. An der ehemaligen **Meesenmühle (4)**, 30 Min., queren wir den Fluss und steigen an einem Seitenbach auf, kehren aber nach ca. 200 m in spitzem Winkel ins Salmtal zurück.

Danach folgt ein besonders schöner Abschnitt des Eifelsteigs: Ein sehr schmaler Pfad führt durch die Felsen eines Prallhangs der Salm. An einer Kläranlage verlassen wir das enge Felsental und steigen auf einem Asphaltweg auf. Im Angesicht der ersten Häuser von **Burg** und bevor wir die L 34 erreichen, steigen wir links hinab, queren die Salmbrücke und folgen nach ca. 100 m entlang der Straße dem Weg rechts (Schautafeln zur ehemaligen

Burg Bruch.

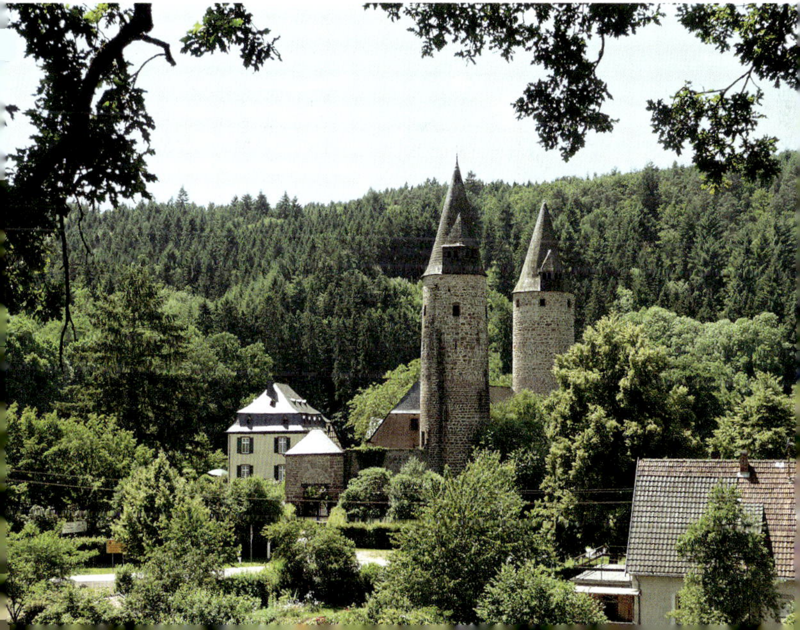

Silber- und Kupfermine Musweiler) zum ehemaligen Hotel Viktoria (35 Min.). An der aufgestauten Salm entlang wandern wir durch Wald, bis wir über die Salmbrücke nahe der **Burgermühle (5)** auf das rechte Ufer gelenkt werden. Wir schneiden eine Flusswindung ab, überwinden einen Buckel und gehen hinab zu einem querenden Schotterweg, dem wir links abwärts folgen. Bevor wir den Talgrund erreichen, steigen wir rechts auf Schotter wieder auf. Dann geht es zunächst ohne große Höhenunterschiede im Hang dahin, unter der Autobahn A 60 hindurch bis vor die B 50. Parallel zur B 50 laufen wir Richtung Landscheid. Am Ortsrand von **Landscheid (6)**, gegenüber dem Feuerwehrgebäude, zweigt der Eifelsteig links ab (310 m, 60 Min.; Einkehrmöglichkeit in der Ortsmitte, Café Flesch).
Wir folgen der Straße »Auf'm Mühlenberg«, wenden uns nach dem letzten Haus rechts und umgehen Landscheid am südlichen Ortsrand entlang. Einem querenden Asphaltweg folgen wir nur 100 m nach links, um dann rechts einen Schotterweg zu wählen, der durch Wiesen in den Wald hineinführt. In einer Rechtskurve dieses Weges treffen wir auf eine Bank mit Aussicht auf den amerikanischen Militärflugplatz Spangdahlem und den Ort Niederkail. Ab hier beschreibt der Eifelsteig eine lange Linksschleife in einem Nebental hinab in das Tal des Kailbaches. Dort angelangt, wandern wir links auf einem Schotterweg an der Kläranlage und einem ehemaligen Steinbruch entlang talauswärts.
Nachdem wir den **Kailbach (7)** gequert haben (ca. 225 m, 60 Min.), wechseln wir nach rechts auf einen Waldweg und kehren schließlich zur Salm zurück, deren Lauf wir mal nah, mal auf Distanz, mal unmittelbar am Ufer, mal im Hang folgen. Diesen schönen, schattigen Weg können wir etwa eine Stunde lang genießen und steigen schließlich zu einer Wegkreuzung auf, die bereits außerhalb des Waldes liegt. Hier laufen wir links auf einem Schotterweg durch ein kleines Wäldchen und durch Wiesen abwärts. Nachdem wir die Salm überquert haben, geht es auf Asphalt bis zur Salmbrücke in **Bruch (8)**, 188 m, 75 Min. (Rastplatz, Bushaltestelle, Info-Tafel, keine Einkehrmöglichkeit). Geradeaus flussabwärts in den Ort, danach werden rechts der Salm die Türme der **Burg Bruch** sichtbar.

i *Die **Wasserburg Bruch** in der Aue der Salm existierte bereits im 12. Jh. Sie besteht aus einer Kernburg und einer Vorburg, die von Wassergräben umzogen waren. Sie war Sitz der Herren von Bruch, später Lehen der Herren von Daun und kam 1639 in den Besitz von Kurtrier. Auffallend sind die hohen, schlanken Rundtürme. Sehenswert sind die Kapelle aus dem 13. Jh. und Gebäude aus dem 17. Jh. Die Burg bietet heute Bed & Breakfast in wenigen Zimmern in einem besonderen Ambiente. Eine Besichtigung der Burg ist nur für Übernachtungsgäste möglich.*

Alte Ölmühle in Bruch.

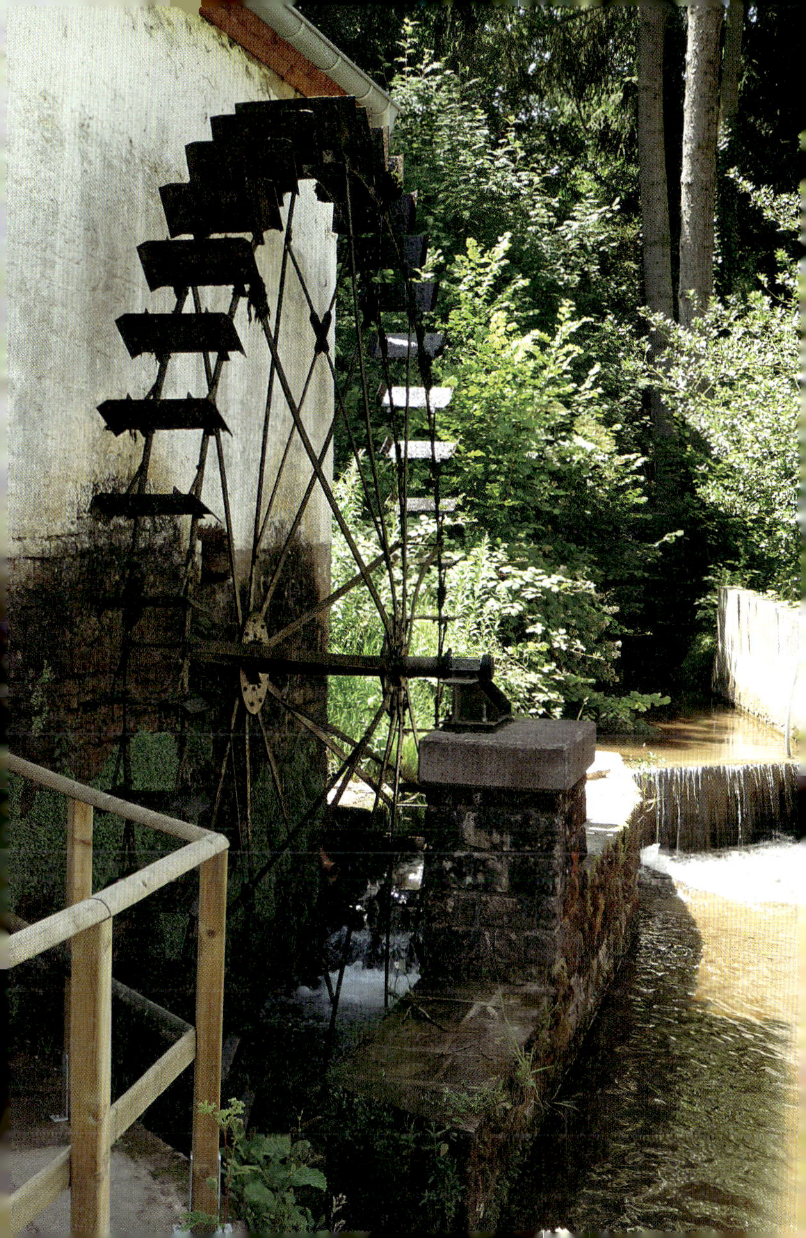

14 Von Bruch nach Kordel

7.30 Std.
27,6 km

Von Tal zu Tal

Sehr lange Etappe vom Salmtal über die Höhen ins Kylltal, die nach ca. 14 km in Zemmer (geringe Übernachtungsmöglichkeiten!) unterbrochen oder um bis zu 1,5 Stunden verkürzt werden kann.

Ausgangspunkt: Bruch, 188 m. Erreichbar: Mit dem Auto: A 48/A 1 Koblenz – Trier – A 60, AS 10 – Dreis – Bruch. – ÖPNV: Bahnstrecke 690 Koblenz – Trier mit IC, RE 1 oder RB 81 nach Wittlich Hbf./Buslinien 300, 301, 302 nach Wittlich ZOB/Buslinie 325 (außer So) nach Bruch.
Endpunkt: Kordel, 139 m. Rückfahrt: Mit dem Auto: L 43 bis Heidweiler/L 49 – K 37 – L 50 nach Bruch. – ÖPNV: Bahnstrecke 474 Köln – Trier mit RE 12 nach Trier Hbf. oder RB 83 nach Ehrang/Bahnstrecke 690 Trier – Koblenz mit RE 1 oder RB 81 oder 82 nach Wittlich Hbf./Buslinien 300, 301 und 302 nach Wittlich ZOB/Buslinie 325 (Mo–Fr) nach Bruch und Zemmer. – Taxi Schweich Tel. 06502/6800; Trier Tel. 0651/120 12, 0651/462946 oder 0651/48048.
Höhenunterschied: Aufstieg 500 m, Abstieg 550 m.
Anforderungen: Lange Wanderung auf überwiegend breiten Waldwegen; etwas eintönig um Zemmer (Abkürzung möglich); aufsteigender Umweg vor Kordel ist ein Test für die Psyche (abkürzende Umleitung über den Kylltalradweg).
Einkehr: Gladbach, Greverath (Gasthaus Weißenstein, Di Ruhetag, Tel. 06508/245), Gasthaus Rothaus (Mo+Di Ruhetag, Mi–Do 11–14 Uhr u. ab 17 Uhr, Fr–So 11–23 Uhr, Tel. 06580/988899), Zemmer, Zemmer-Rodt, Zemmer-Schleidweiler, Kordel.
Unterkunft: Bruch siehe Etappe 13. – **Gladbach:** Kat. II: Gasthaus Kronauer, Tel. 06508/1092. – 3 km von Gladbach in **Dodenburg:** Kat. II: Pension Öffling, www.pension-oeffling.de, Tel. 06508/288. – **Zemmer:** Denis (Kat. II), www.denis-zemmer.de, Tel. 06580/431. – **Kordel:** Kat. III: HR Neyses, www.hotelneyses.de, Tel. 06505/91400. – Auf dem Steig ca. 3,8 km oder Straße 3 km hinter Kordel (Etappe 15): Kat. III: HR Burg Ramstein, www.burg-ramstein.de, Tel. 06505/1735; Kräuterhotel Villa Vontenie, www.villavontenie.de, 06505/9126128.
Information: Moseleifel-Touristik e. V., www.moseleifel.de, info@moseleifel.de, Tel. 06571/4086. – Tourist Information Trier siehe Etappe 15.
Hinweis: Folgen des Hochwasssers 2021: Fehlende Kyllbrücke bei Deimlinger Mühle (7): Dauer noch unbekannt. Tipp: Gehweg 1,3 km flussaufwärts entlang der L 43 bis Bahnhaltepunkt Daufenbach und mit Zug nach Kordel oder Trier.

Wir starten zu unserer langen Wanderung nach Kordel an der nördlichen Salmbrücke in **Bruch (1)** und damit in der Nähe der Haltestelle der Buslinie 325 Wittlich – Zemmer. Wir überschreiten die Brücke zur sichtbaren **Ölmühle** und folgen der Salm zunächst auf einem Graspfad, dann auf der Straße bis zur **Burg Bruch**. Hier gehen wir an der L 50 entlang, überqueren die K 37 und den **Gladbach** und wenden uns nach der Brücke sogleich rechts in den Wald hinauf, bis die Markierung des Eifelsteigs uns rechts auf einen kaum erkennbaren Pfad ableitet. Über einen Rücken dringen wir in das Tal des Gladbachs vor und gehen bis zum gleichnamigen Ort talaufwärts. Auf der anderen Seite

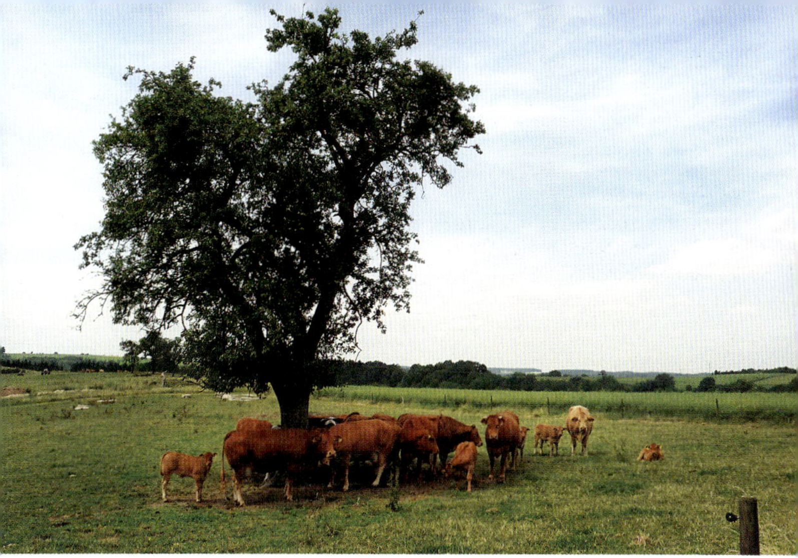

Weidewirtschaft auf der Hochfläche.

des Baches verläuft die K 37. Wir werden auf Waldwegen, später überwiegend auf frisch geschlagenen, wildromantischen Waldpfaden bis vor den Ort geführt. Nun auf einem Steg über den Gladbach und durch eine Wiese, dann bringt uns der Mühlenweg nach **Gladbach (2)** hinein (242 m, 90 Min.).
In Gladbach folgen wir bis zum Ortsende der Straße nach Greverath. Dort steigen wir rechts im Wald einen wenige Meter kurzen Pfad empor. Sogleich nimmt uns nach links ein querender Waldweg auf, an dem ein Marterl steht. Nach etwa 200 m haben wir den höchsten Punkt erklommen und wandern schließlich auf einem schnurgeraden Weg durch Felder bis zum Ortseingangsschild von Greverath. Wir wenden uns zum Gasthaus Weißenstein (Di Ruhetag) und dort links in gleichnamiger Straße hinab in den Ort **Greverath (3)**, 30 Min.

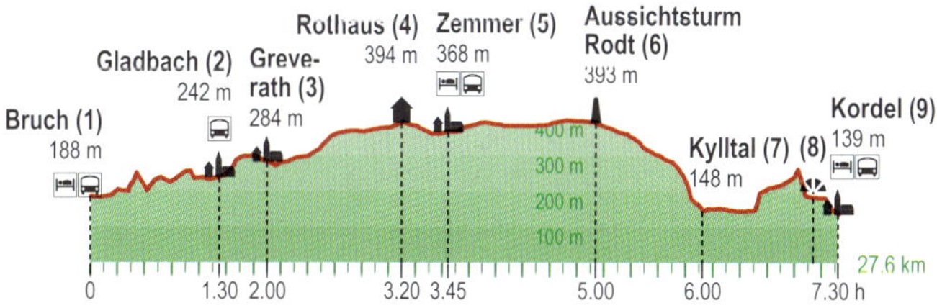

Nach rechts gelangen wir auf der Hubertusstraße in die Wiesen. Am **Friedhof** biegen wir links aufwärts ab. Nach knapp 100 m werden wir nach rechts auf einen Kiesweg mit Graskamm durch Wiesen in den Wald geführt. Wir wandern auf dem leicht ansteigenden, fast geradlinigen Weg bis zu einem querenden Schotterweg. Hier gehen wir kurz rechts-links, um rechts an einem langen Graben etwa 1 km lang gemächlich aufwärts zu gehen. Nachdem wir den idyllischen **Rastplatz Steinesseberchen** passiert haben, gelangen wir zu einer Wegspinne. Hier nutzen wir den mit einer Schranke versehenen Weg, um auf ihm fast 500 m durch Mischwald zu wandern. Dann links abbiegend kommen wir zu einem Feldrand und zu einem Rettungspunkt, an dem wir uns nach rechts wieder in den Wald hinein wenden. Nach knapp 10 Min.

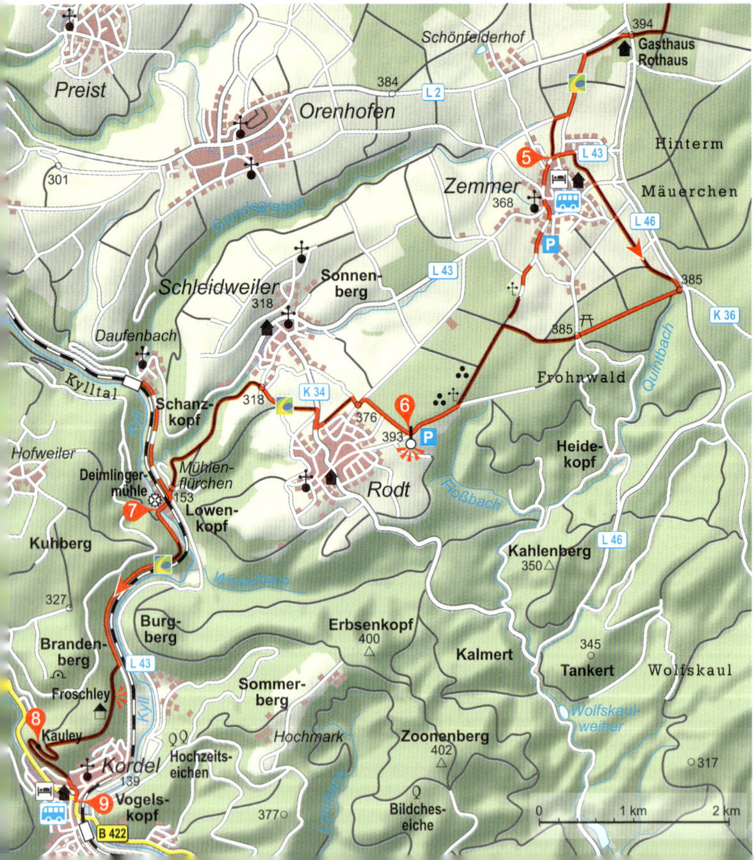

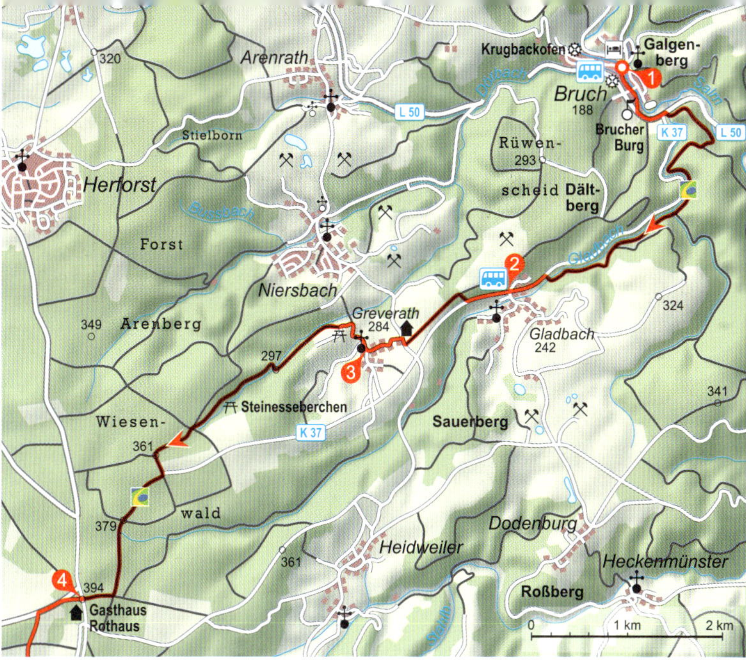

treffen wir wiederum auf eine Wegspinne, an der wir den etwas versteckten Waldweg nach halb links wählen. Nach ca. 750 m müssen wir (Achtung!) an einer Wegekreuzung nach rechts abbiegen, um zum **Gasthaus Rothaus (4)** zu gelangen (394 m, 80 Min., Restaurant, Biergarten, Mo/Di Ruhetag).

Von Rothaus folgen wir zunächst einem parallel zur L 2 verlaufenden Asphaltweg und zweigen dann links entlang einer Obstbaumreihe Richtung Zemmer ab. Der Eifelsteig verlässt diesen Weg an einer 20-KV-Leitung rechts-links, um Graswege zu nutzen. Wir gehen kurz nach **Zemmer (5)** hinein (368 m, 25 Min., Einkehr- und Übernachtungsmöglichkeit). Mit der Straße »Am Schießberg« erreichen wir an einer Fabrik die L 43. (Hier können wir die lange Etappe abkürzen, indem wir durch Zemmer hindurchlaufen; ca. 2,3 km bzw. 35 Min. kürzer.)

Der Eifelsteig führt uns links entlang der L 43 wieder aus Zemmer hinaus. Hinter dem Ortsrand werden wir nach rechts geleitet. Ein wie mit dem Lineal gezogener Weg führt uns östlich an Zemmer vorbei. Wir kommen zu einem Waldrand und laufen links an ihm auf Gras entlang bis vor eine Straßenkreuzung. Hier werden wir rechts auf einen geradlinigen, breiten und deshalb eintönigen Kiesweg durch den Wald verwiesen. Nach gut 1 km kreuzt ein Asphaltweg nach Zemmer, wo wir auf einer Bank eine Pause einlegen kön-

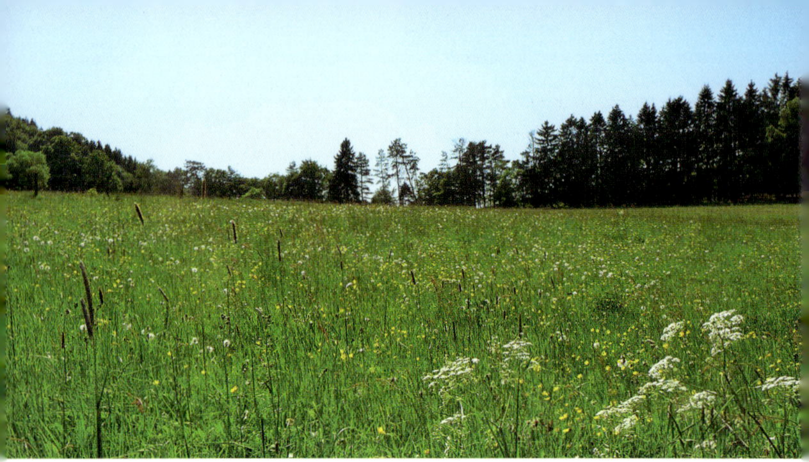

Typische Eifelwiese.

nen. Weiter geht es geradeaus, bis wir nach ca. 800 m links in eine ebenfalls geradlinige Forstpiste abzweigen, die einen Verbindungsweg zwischen Zemmer und Rodt darstellt. (An diesen Abzweig werden wir herangeführt, wenn wir quer durch Zemmer abkürzen, siehe oben.)

An einem Wegkreuz und einem Pumpenhaus knickt unser Weg leicht rechts ab. Wenn wir aus dem Wald austreten, sehen wir vor uns bereits den **Aussichtsturm** von **Rodt (6),** ca. 393 m, 75 Min. (Aussicht auf Rodt und nach Süden über das Moseltal hinweg zum Hunsrück; es können die Luftkampfübungen der amerikanischen Flugzeuge vom Militärflugplatz Spangdahlem beobachtet werden). Bereits vor dem Aussichtsturm führt der Eifelsteig rechts auf einem Asphaltweg am Waldrand hinab zur Straße nach Zemmer. Hier laufen wir links auf dem Radweg und queren die Straße an der dritten Laterne in einen Wirtschaftsweg hinein. Dort wenden wir sogleich links in einen Grasweg durch die Felder nördlich von Rodt bis zur K 34. Ihr folgen wir rechts abwärts auf dem Gehweg und biegen, nachdem wir rechts eine Bank und Fels sowie einen links einmündenden asphaltierten Wirtschaftsweg passiert haben, links (Achtung!) in eine Wiese ab. Auf Gras gehen wir hinunter zu einem Asphaltweg, dem wir etwa 200 m bis zu einem Bauernhof am Ortsrand von **Schleidweiler** folgen. Dort setzt sich der Eifelsteig geradeaus abwärts als schmaler Graspfad fort. Danach nimmt uns ein Schotterweg nach links auf, der in einen Grasweg und schließlich in einen ungepflegten Waldweg übergeht, bis wir den Boden des **Kylltales (7)** erreichen. Hier überqueren wir die Straße, die Bahnlinie und die Kyll an der Deimlinger Mühle (153 m, 60 Min.), sofern die 2021 durch Hochwasser zerstörte Brücke bereits ersetzt ist.

Nur 5 m hinter der Brücke über die Kyll beginnt links ein schmaler Waldpfad, der immer wieder zuzuwachsen droht (lange Hosen erforderlich!). Bald setzt sich der Pfad jenseits des asphaltierten **Kylltalradweges** parallel zu ihm im Auf und Ab des bewaldeten Hangs fort. Dann benutzen wir ein Wegstück den Radweg. In einem Fels befindet sich ein Unterstand. Gut 100 m danach biegt der Eifelsteig wiederum auf einem Pfad in den Wald ein und kehrt abermals auf den Asphaltweg zurück. Nach nur ca. 3 Min. auf dem Radweg begeben wir uns endgültig in den Wald. Auf einem viel zu steilen Pfad mühen wir uns zu einem Waldweg hinauf, der nur noch sanft ansteigt, sodass wir Puls und Atem normalisieren können.

In einer Rechtskurve dieses Weges liegt links die Aussichtskanzel **Froschley** (45 Min.) mit einer Schutzhütte und einem Ausblick über Kordel, wo sich eine Pause lohnt. An einer Wegverzweigung mit zwei Bänken nehmen wir den rechten Weg. Nach etwa 15 Min. leitet ein Pfad in spitzem Winkel vom Weg ab und hinunter zum Aussichtspunkt **Kauley (8)** oberhalb des Ortes, wo wir auf einer Bank sitzend nochmals über Kordel hinweg in das Kylltal blicken können. Unser Pfad läuft nach rechts unterhalb der Hexenley entlang weiter und fast bis zur Straße hinab.

Im Tal werden wir keineswegs auf die Straße oder auf den unteren Waldpfad entlassen, sondern scharf links über einige Stufen zu einem weiteren Pfad hinaufgeschickt. Wir wandern nun auf einem reizenden Steig an einer Mauer aus Buntsandsteinfelsen mit ihren Höhlen und Kieselhorizonten entlang. Auf einem ca. 20 m langem Stichweg können wir zur **Eremitage Bruderhäuschen** in den Felsen der **Hexenley** gelangen und uns eine vage Vorstellung von den Lebensumständen eines Eremiten machen. Besonders beeindruckend sind die markanten Felsen der Kauley nun von unten zu betrachten. Bevor wir am Wendehammer einer Wohnstraße aus dem Wald austreten, steigen wir an einem Wegkreuz rechts steil auf einem Pfad ab und kommen in die Straßen von Kordel. Hier gehen wir links, dann rechts («Im Gäßchen«) und beenden unsere lange Wanderung an Sparkasse und Rathaus im Zentrum von **Kordel (9)**, 45 Min. (Einkehr- und Übernachtungsmöglichkeiten). Bis zum Bahnhof sind es noch 200 m.

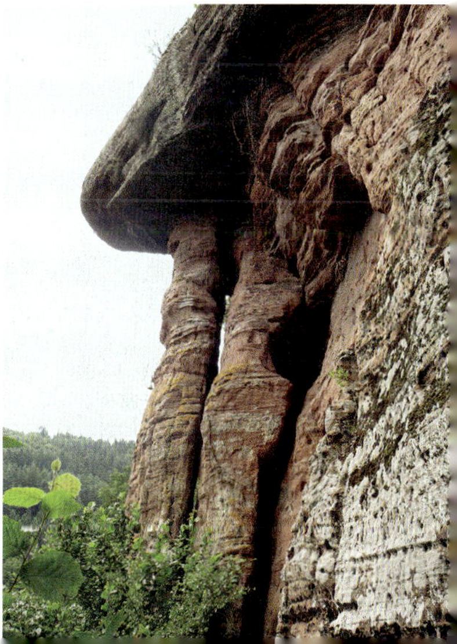

Kauley bei Kordel.

15 Von Kordel nach Trier

5.30 Std.
19,5 km

Im Reich der Buntsandsteinfelsen und -höhlen

Auf der letzten Etappe präsentiert der Eifelsteig mit dem Steig durch das Butzerbachtal (2022 bis auf Weiteres wegen Hochwasserschäden gesperrt) sowie Felsformationen und Höhlen im Buntsandstein erneut einige Höhepunkte.

Ausgangspunkt: Kordel, 139 m. Erreichbar: Mit dem Auto: Von Koblenz A 48 – A 1 bis Dreieck Moseltal – A 602 bis AS Trier-Ehrang – B 52 Ehrang – B 422 nach Kordel. – ÖPNV: Eifelstrecke 474 Köln – Trier mit RE 12 oder RB 83 (von Trier).
Endpunkt: Trier, ca. 135 m. Rückfahrt nach Kordel: B 53 bis Ehrang – B 422. – ÖPNV: Eifelstrecke 474 mit RE 12 oder RB 83. – Taxi Tel. 0651/120 12 oder Tel. 46 29 46 oder 480 48. – Rückfahrt zum Wohnort: Mit dem Auto: A 602 – A 1 – A 48 nach Koblenz; A 602 – A 1 nach Saarbrücken (A 62 nach Kaiserslautern; A 6 nach Mannheim). – ÖPNV: Bahnstrecke 474 Eifelstrecke mit RE 12 nach Köln; Strecke 690 mit IC oder RE 1 nach Koblenz; Strecke 685 mit IC oder RE 1 nach Saarbrücken (Kaiserslautern – Mannheim).
Höhenunterschied: Aufstieg 480 m, Abstieg 480 m.
Anforderungen: Mittellange Wanderung auf überwiegend breiten Wegen mit einigen kurzen Auf- und Abstiegen; im Butzerbachtal auf schmalen Pfaden.
Einkehr: Kordel, Burg Ramstein, Biewer, Villa Weisshaus (im Moseltal über Trier), Trier (insbesondere Zum Domstein, Am Hauptmarkt 5).
Unterkunft: **Kordel** und **Ramstein** siehe

Hängebrücke im Butzerbachtal.

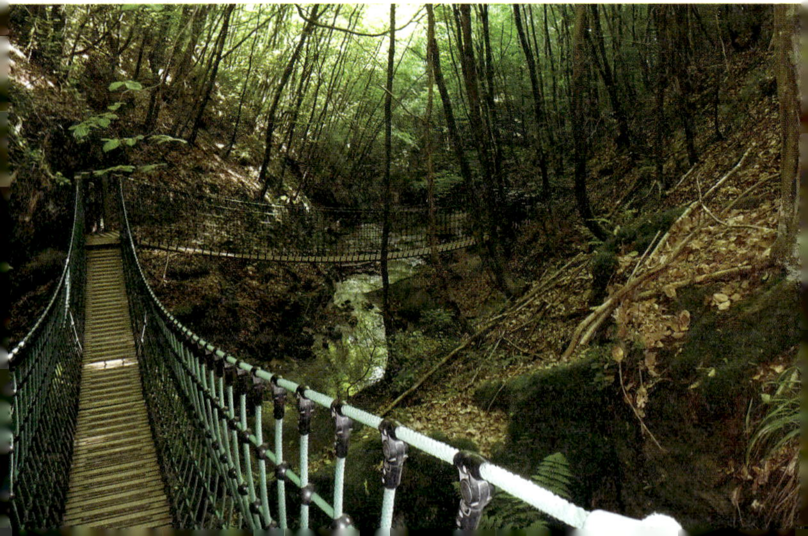

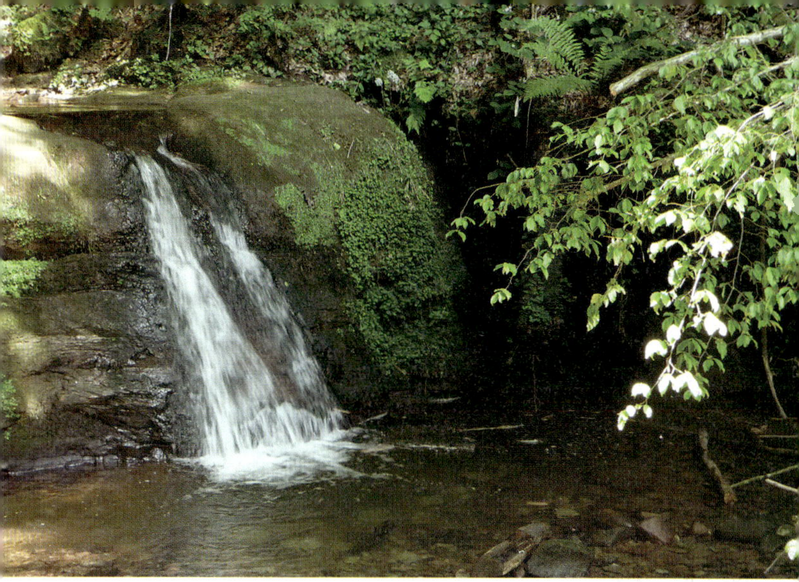

Wasserfall des Butzerbachs.

Etappe 14. – **Trier:** www.trier-info.de, info@trief-info.de, Tel. 0651/978080. – JH Trier (www.diejugendherbergen.de, Tel. 0651/146620).

Information: Tourist-Information Trier, An der Porta Nigra, 54290 Trier, Tel. 0651/978080.

Tipps: Broschüren »Tipps und Infos für Ihren Besuch, Urlaubsregion Trier« und »Veranstaltungen Urlaubsregion Trier« (jeweils jährlich); tagesaktuell (von der Tourist-Info): www.heute-in-trier.de. – Trier-Card (3 Tage gültig, freie Fahrt auf allen städtischen Linienbussen, ermäßigte Eintritte und Führungen usw., www.trier.de/tourismus). – Unbedingt sehenswert: UNESCO-Weltkulturgüter Porta Nigra, Kaiserthermen, Amphitheater, Konstantinbasilika, Dom, Liebfrauenkirche. – Sonstiges: Hauptmarkt, Viehmarktthermen, Südflügel und Treppenhaus des Kurfürstlichen Palais und Palastgarten, St.-Paulin-Kirche (Balthasar Neumann). Es werden Stadtrundfahrten und verschiedene Stadt-, Themen- und Erlebnisführungen angeboten. – Museen u. a.: Rheinisches Landesmuseum (www.landesmuseum-trier.de, Tel. 0651/9774-0). – Karl-Marx-Haus (www.fes.de/marx, Tel. 0651/970 68-0). – Moselschiffsrundfahrten: Personen-Schifffahrt Gebr. Kolb oHG, www.kolb-mosel.com, Tel. 0651/266 66. – Veranstaltungen u. a.: Antikenfestspiele (Juni, klassische Dramen und Opern, www.trier.de/tourismus; www.antikenfestspiele.de). – Mosel Musikfestival (Juni – Anfang Oktober, www.moselmusikfestival.de). – Altstadtfest (letztes Wochenende im Juni). – Brot und Spiele (August, historisierendes Spektakel, www.brotundspiele-trier.de).

Hinweise: Folgen des Hochwasssers 2021: Umleitung Bahnhof Kordel entlang der K 28 bis Burg Ramstein wird evtl. bereits im Frühjahr 2022 aufgehoben. Dauer der Sperrung des Butzerbachtals noch unbekannt.

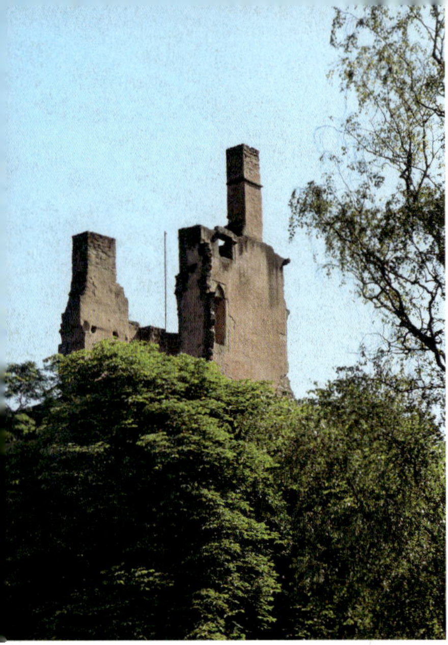

Burg Ramstein.

Im Zentrum von **Kordel (1)**, an Rathaus und Sparkasse, begeben wir uns auf die letzte Etappe des Eifelsteigs nach Trier. Wir wenden uns nach Süden durch die Kreuzfeld- und Bahnhofstraße und biegen vor dem **Bahnhof** rechts ab (Kimmlinger Straße – Butzweiler Straße) und lassen uns vom Amselweg in den Wald führen. Auf Wegen und Pfaden geht es aufwärts. Wir erreichen einen breiteren, fast ebenen Weg, den wir erst dann nach rechts verlassen, wenn er sich in eine Linkskurve hinein merklich (zur L 43) senkt. Wir wandern nun in einem Rechtsbogen durch schönen Buchenhochwald. Unter uns verläuft die **L 43**, die wir bald kreuzen. (Wer vorher den Abzweig verpasst hatte, kommt zur L 43 und geht an ihr rechts im Uhrzeigersinn entlang. Achtung, nur begrenzt einsehbare, schmale Straße, links gehen!)

Nachdem wir die L 43 gequert haben, laufen wir zunächst unter ihr entlang nach Westen, um bei der ersten Wegegabelung scharf nach links einzuschwenken. Nach ca. 400 m verlassen wir den Weg und steigen in Kehren den steilen Hang hinab. Wir gelangen zu einem Parkplatz unterhalb der Burg Ramstein und zum Ausgang des **Butzerbachtals (2)**, 60 Min. (Rastplatz. Falls das Butzerbachtal infolge des Hochwassers 2021 noch gesperrt sein sollte, folgen wir der Umleitung entlang der K 28 zur Burgruine Ramstein und gelangen danach wieder zum Eifelsteig.)

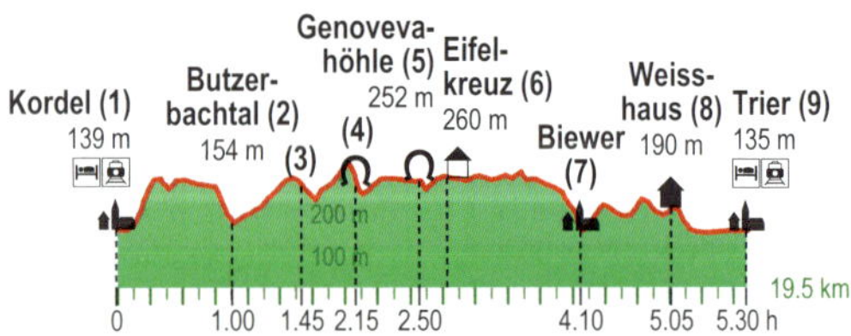

*Die hoch auf Sandsteinfelsen gelegene **Burg Ramstein** beherrscht das untere Kylltal. Bereits im 10. Jh. befand sich hier ein befestigter Platz, bevor die Erzbischöfe von Trier besonders nachhaltig erst im 14. Jh. die Burg errichteten. Die Burg wurde verschiedenen Vasallen zu Lehen gegeben. Nach der Zerstörung der Burg durch die Truppen Ludwigs XIV. im Jahre 1689 blieb nicht viel mehr als die Außenwände des ehemals 35 m hohen viergeschossigen Wohnturms übrig. Die Vorfahren der heutigen Hotelbesitzer kauften die Ruine im Jahre 1826. Gegen Ende des Zweiten Weltkrieges wurde die Ruine weiter beschädigt (Besichtigungsmöglichkeit während der Öffnungszeiten des Hotel-Restaurants).*

Sofern das Butzerbachtal nicht mehr gesperrt ist, steigen wir gemeinsam mit dem **»Römerpfad«** auf und erleben damit ein Highlight des gesamten Eifelsteigs. Zunächst geht es im bewaldeten, kühlen Butzerbachtal auf einem Waldweg sanft aufwärts. Kurz nach einer Wegkreuzung bietet sich uns bei niedrigem Wasserstand die Gelegenheit, direkt im Bachbett aufzusteigen. Es öffnet sich ein wildromantisches, felsiges Kerbtal mit mehreren Wasserfällen. Der Steig führt mehrmals auf Trittsteinen

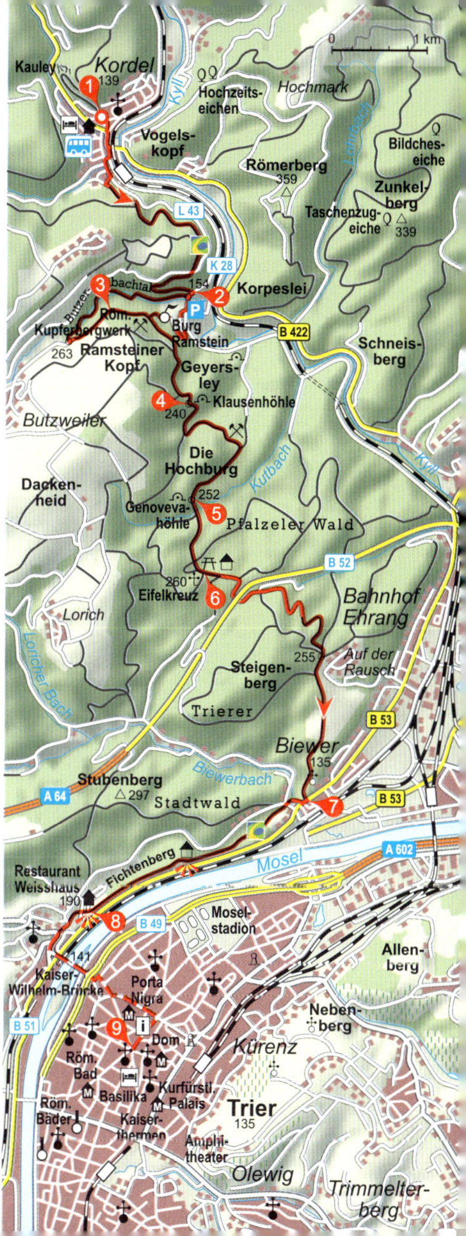

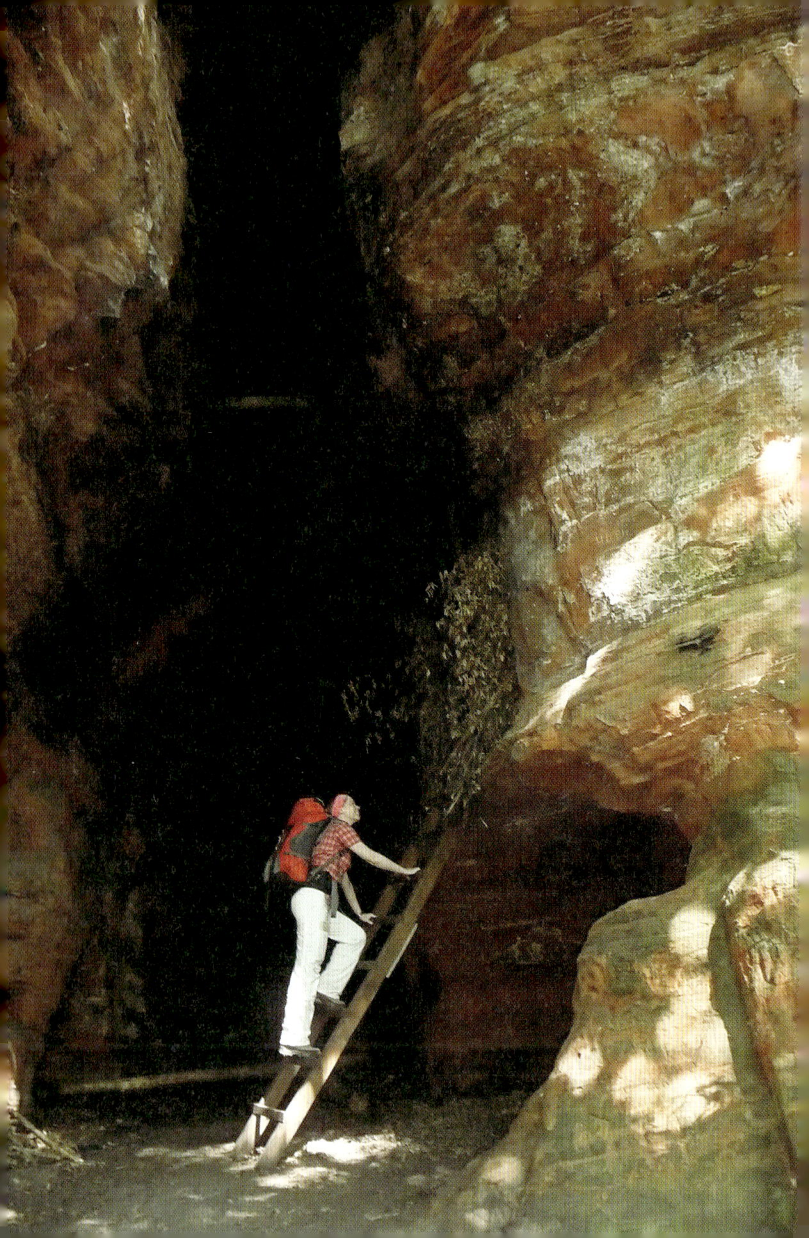

durch den Bach und über Stege, Leitern und Brücken, davon über zwei Hängebrücken. Hier sollte man sich Zeit lassen und genießen! Auf vielen Stufen steigen wir nach links aus dem Tal hinaus und rechts auf einem bequemen Weg noch etwas höher, bis wir am höchsten Punkt am **Ramsteiner Weg** (263 m, 35 Min.) scharf nach links auf einen Asphaltweg Richtung Talausgang verwiesen werden.
Der Asphaltweg geht in einen Waldweg über. Unmittelbar nachdem wir eine grüne Waldhütte passiert haben, geht es links hinab zum Römischen Kupferbergwerk, auch unter dem Namen »**Pützlöcher**« **(3)** bekannt (ca. 240 m, 10 Min.).

i In den sogenannten ***Pützlöchern*** *sind von der Antike bis in die Neuzeit hinein Erze und Steine abgebaut worden. Im 2. Jh. nach Chr. wurden mehrere bis zu 18 m tiefe brunnenartige Schächte in das Gebirge getrieben. Die Erzvorkommen waren eher gering, sodass das Gelände ab dem 3. Jh. als Steinbruch genutzt wurde. Von hier wurden auch Steinquader zum Bau der Porta Nigra geliefert. Auf gesichertem Steig kann man das Bergwerk durchstreifen.*

Wir folgen dem Weg weiter abwärts, laufen bei nächster Gelegenheit links auf Stufen bergab und kommen schließlich zu einem kreuzenden Schotterweg. (Von hier können wir nochmals die Burgruine Ramstein und zwei Hotels 300 m abseits des Steiges erreichen.) Wir folgen dem Schotterweg geradeaus aufwärts zum Wegweiser Ramsteiner Kopf (Ost). Hier wenden wir uns links und nach ca. 40 m nach rechts. (Der Aussichtsfelsen Geyersley über dem Kylltal liegt ca. 400 m abseits des Eifelsteiges.) Der rechts abzweigende Pfad bringt uns steil und streckenweise über Stufen zum Fuß der **Klausenhöhle (4)**, 30 Min., in die wir mittels einer Leiter einsteigen können.

i In der Eremitage der ***Klausenhöhle*** *lebten über Jahrhunderte Einsiedler. Die Höhle war auf zwei Ebenen zu Wohnzwecken hergerichtet. Balkenlöcher in den Wänden bezeugen, dass eine Decke eingezogen war. Der Schlafraum auf der zweiten Ebene, der ein natürliches Fenster aufweist, ist nur über eine Leiter zu erklimmen. Man beachte die in den Sandstein eingemeißelten Gesichter.*

Von dort geht es über einen Serpentinenpfad weiter talwärts. Dann wandern wir nach rechts einige Zeit über einen Waldweg, der schließlich in eine querende Forstpiste mündet. Hier gehen wir links, verlassen die Piste aber bereits nach ca. 100 m an einer Wegkreuzung nach rechts zugunsten eines sandigen Waldweges. Nach einem Anstieg und etwa 35 Min. nach der Klausenhöhle wenden wir uns wiederum rechts und steigen zur **Genovevahöhle (5)** auf (252 m, 35 Min.).

Einstieg in die Klausenhöhle.

i *Die **Genovevahöhle** liegt unterhalb der einstigen keltischen Fliehburg auf dem Berg Hochburg. Der bis zu 15 m breite und 10 m hohe Raum konnte ursprünglich nur mit Hilfe von Leitern oder Steighölzern erklommen werden. Die Stufen zur Höhle wurden im Jahre 1910 von der Ortsgruppe Kordel des Eifelvereins aus dem Fels geschlagen. In der Schutthalde vor der Höhle wurden prähistorische, römische und fränkische Scherben gefunden. Die Höhle war in frühren Zeiten als Kutbachhöhle bekannt, bis sie Mitte des 19. Jh. mit der Genoveva-Sage verbunden wurde.*

Von der Genovevahöhle steigen wir auf sehr steilem Pfad ab und überqueren anschließend sogleich den kleinen **Kutbach** auf einem Steg. Nachdem wir auf einem Pfad aus dem Bachtal ausgestiegen sind, erreichen wir das **Eifelkreuz (6)** auf breiten Waldwegen (260 m, 20 Min., Schutzhütte und Rastplatz). Wir schreiten weiter auf dem Forstweg aus. Das nun wahrnehmbare Verkehrsrauschen stammt von der B 52, die wir im Linksbogen unterqueren. Danach werden wir auf einem ziemlich ebenen Schotterweg wieder in den Wald geleitet. An einem Parkplatz vor einer Siedlung oberhalb von Ehrang biegen wir rechts auf einen Schotterweg ab, der über weite Strecken etwas begrünt ist. Wo dieser Weg eine scharfe Rechtskurve macht, verlassen wir ihn geradeaus bis vor einen kleinen Felsen und steigen über Stufen steil hinab nach **Biewer (7)**, 60 Min.

Hier wenden wir uns an der Hauptstraße rechts und kommen sogleich zu einem Brunnen, an dem wir rasten und uns erfrischen können. Wir gehen rechts in die Donaustraße, überqueren den **Biewerbach** und eine Straßenkreuzung und wandern halb links im Wald aufwärts und über einen Höhenrücken, von dem sich einige Ausblicke ins Moseltal öffnen. Der Eifelsteig verläuft nun mehr als 2 km lang hoch über der Mosel. Auf Stufen gelangen wir zu einem **Pavillon** mit Blick auf Trier und das Moseltal. Und weiter geht es immer an einem Zaun entlang, der uns vor einem Absturz über die senkrechten Buntsandsteinfelsen ins Moseltal hinab schützen soll.

Die Kaiser-Wilhelm-Brücke, über die wir später die Mosel überqueren werden, kommt in Sicht. Am Café-Restaurant **Villa Weisshaus (8)** bietet sich die letzte Gelegenheit zu einer aussichtsreichen Einkehr, bevor wir schließlich unser Ziel Trier erreichen. Wir steigen auf Stufen hinab, laufen am Rosengarten entlang und schließlich endgültig talwärts zur **Kaiser-Wilhelm-Brücke** (141 m, 60 Min.), während der Eifelsteig offiziell am Weissenhaus-Parkplatz endet.

Auf der Brücke könnten wir in den Stadtbus steigen. Wir überqueren sie und die Mosel aber zu Fuß und laufen geradeaus in die Merianstraße bis zu ihrem Ende. Dann erreichen wir nach links durch die Grünanlagen die **Porta Nigra** und durch sie hindurch den **Hauptmarkt (9)**, das Zentrum der Altstadt von **Trier** (ca. 135 m, 20 Min.) mit seinen historischen Gebäuden, seinen Einkehr- und Einkaufsmöglichkeiten – und damit den krönenden Abschluss unserer Eifelsteigwanderung.

Porträt: Trier

Trier gilt als die älteste Stadt Deutschlands und zählt heute um 100.000 Einwohner. Die Stadt wurde im Jahr 16 v. Chr. auf dem Gebiet des keltischen Stammes der Treverer in einer Talweitung der Mosel von den Römern unter Kaiser Augustus gegründet und Augusta Treverorum (Stadt des Augustus im Land der Treverer) genannt. Im Jahre 275 von den Alemannen zerstört, wurde die Stadt unter dem Namen Treveris unter Konstantin dem Großen (306–337 n. Chr.) wieder aufgebaut. Im 4. Jh. war Trier zeitweise Regierungssitz des Weströmischen Reiches und mit 80.000 bis 100.000 Einwohnern die größte Stadt nördlich der Alpen. Im 5. Jh. wurde Trier von den Franken und von den Hunnen unter Attila erobert und zerstört. Um 475 gelang es den Franken, die Stadt unter ihre Herrschaft zu stellen. Bei der Aufteilung des Frankenreiches auf die drei Enkel Karls des Großen im Vertrag von Verdun kam Trier 843 zum Mittelreich Lothars I. In der Folgezeit wurde das Mit-

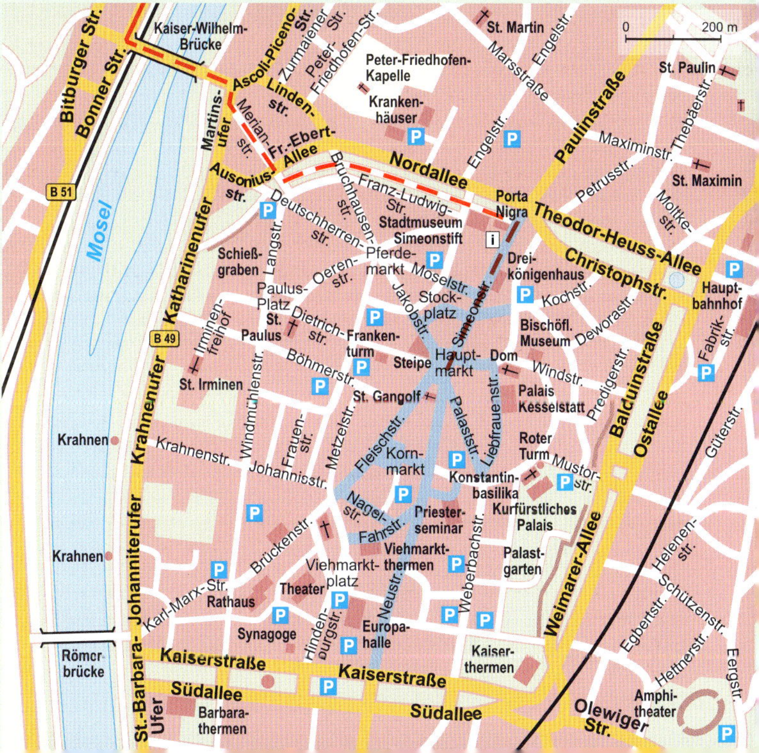

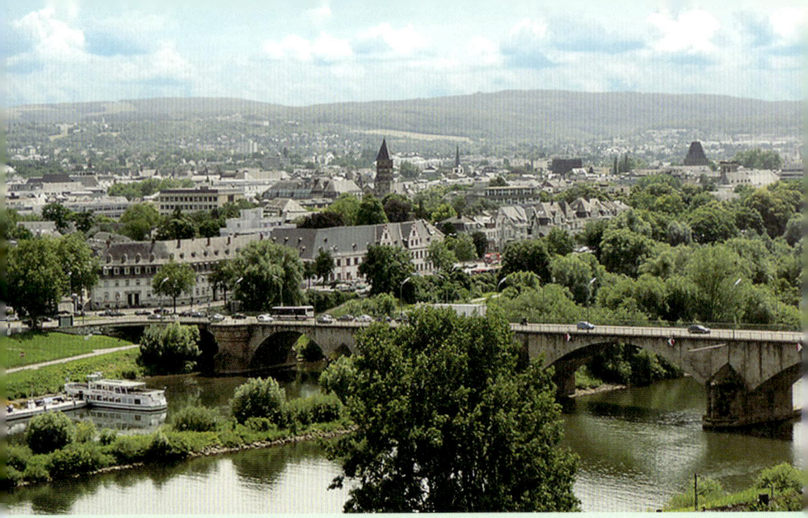

Blick auf Trier mit Kaiser-Wilhelm-Brücke.

telreich dreimal aufgeteilt und Trier wechselte 925 in das Ostfrankenreich Kaiser Heinrichs I. Zwischenzeitlich wurde auch Trier 882 von den Wikingern erobert und gebrandschatzt.

Im 13. Jh. wurde Trier befestigt, wobei der Verlauf der Mauer dem heutigen Alleenring entsprach. Von 1356 bis 1803 bestand das Kurfürstentum Trier. Im Dreißigjährigen Krieg eroberten die Spanier und Franzosen die Stadt. Ende des 17. und Anfang des 18. Jh. wurde sie mehrfach von den Truppen Ludwigs XIV. besetzt. Die Franzosen befestigten Trier erneut, wobei viele historische Bauten im Vorfeld der Stadt abgerissen wurden. Durch die Kriege, Hunger und Seuchen war die Einwohnerzahl der Stadt mittlerweile auf unter 3000 gesunken. 1794 wurde Trier von französischen Revolutionstruppen eingenommen, zur Hauptstadt eines Departements erklärt und in den französischen Staat eingegliedert. Nach dem Wiener Kongress 1815 wurde Trier Teil der preußischen Rheinprovinz. Die Stadtmauern wurden zwischen 1875 und dem Ende des Jahrhunderts abgerissen. Nach dem Ersten Weltkrieg war Trier bis 1930 wiederum von französischen Truppen besetzt. Durch mehrere Luftangriffe im Dezember 1944 wurde die Stadt schwer beschädigt. Von 1945 bis 1999 war sie französische Garnisonsstadt; seit 1970 ist Trier Universitätsstadt, wie auch schon in den Jahren von 1473 bis 1798. Im Jahre 1986 wurden das römische Trier (Porta Nigra, Amphitheater, Kaiserthermen, Barbarathermen, Konstantinbasilika, Römerbrücke, Igeler Säule) sowie der Dom und die Liebfrauenkirche in die Weltkulturerbeliste der UNESCO aufgenommen.

Das Zentrum von Trier ist außerordentlich einladend und bietet eine reiche Zahl von Sehenswürdigkeiten aus römischer Zeit, dem Mittelalter und auch aus der Neuzeit. Die Porta Nigra, neben der sich auch Tourist-Information und Stadtmuseum befinden, ist der geeignete Ausgangspunkt für eine Stadterkundung. Von hier folgt man der breiten Simeonstraße zum Hauptmarkt und zweigt halb rechts oder halb links ab, um zu den wichtigsten Sehenswürdigkeiten zu gelangen.
Die **Porta Nigra** ist das besterhaltene römische Stadttor nördlich der Alpen. Sie wurde um 180 n. Chr. aus Sandsteinquadern errichtet, die von mühlengetriebenen Bronzesägen geschnitten und ohne Mörtel zusammengefügt wurden. Die Steinquader sind lediglich durch Eisenklammern verbunden, die in Blei gegossen sind. Zeitweise musste die Porta eine Doppelkirche in ihrem Inneren aufnehmen. Eine Besteigung ist möglich und erlaubt einen herrlichen Überblick über Stadt und Umgebung. – Die **Kaiserthermen** aus dem 4. Jh. sind die jüngste der drei römischen Badeanlagen Triers. Von den ursprünglich sechs Kesselräumen, in denen das Wasser aufgeheizt wurde, sind noch vier sichtbar. Im Mittelalter waren die Kaiserthermen in die Stadtmauer einbezogen. Heute finden im Caldarium (Warmbadesaal) Theaterauf-

Porta Nigra.

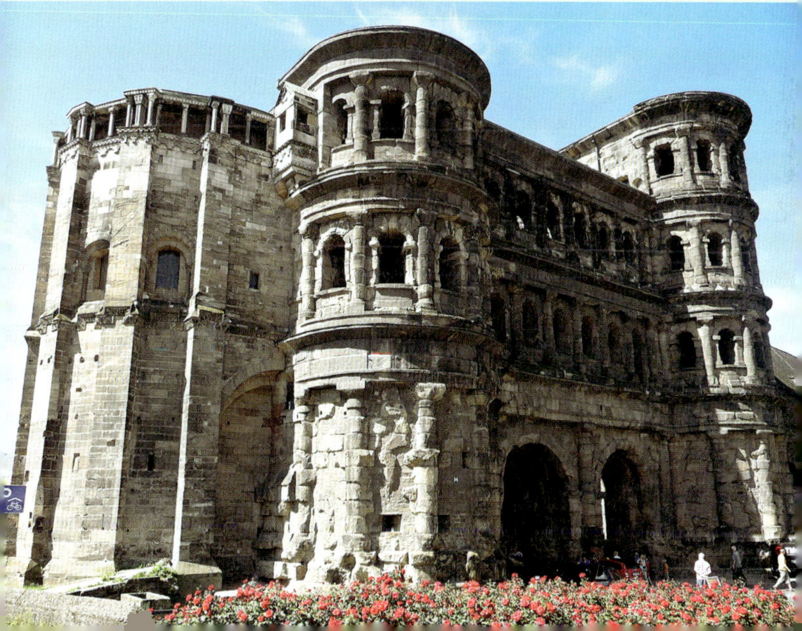

führungen statt. – Etwa 500 m von den Kaiserthermen entfernt und außerhalb des Alleenrings liegt das um 100 n. Chr. errichtete **Amphitheater**. Es ist in den Hang des Petrisberges hineingebaut und bot 20.000 Zuschauern Platz, was auf die Größe und Bedeutung Triers in dieser Zeit hinweist. Das Theater wurde bis Anfang des 5. Jh. genutzt, danach diente es als Steinbruch. (Geöffnet sind die drei römischen Bauten von April–Sept. täglich 9–18 Uhr, Okt. und März 9–17 Uhr, Nov.–Feb. 9–16 Uhr.)
Die **Barbarathermen** aus dem 2. Jh. n. Chr. zählten zu den größten Thermen des Römischen Reiches. Sie sind nach einem ehemaligen Kloster benannt, das dort seinen Standort hatte. Die Thermen sind bis auf Weiteres nicht zugänglich. – Von den sieben Pfeilern der **Römerbrücke** stammen noch fünf aus römischer Zeit (Mitte des 2. Jh.). Sie ist die dritte Brücke, die die Römer über die Mosel schlugen. Unter Kurfürst Balduin von Luxemburg wurde die hölzerne Fahrbahn durch Steinbögen ersetzt. – Beim Bau eines Parkhauses wurden die **Thermen am Viehmarkt** aus dem 3. und 4. Jh. entdeckt. Später wurde das Gelände als jüdischer Friedhof, als Klostergarten des Kapuzinerklosters und – nach dessen Aufhebung – als Viehmarkt genutzt. Die Viehmarktthermen bieten heute ein exklusives Ambiente für Veranstaltungen. (Geöffnet Jan.–Dez. 9–17 Uhr, außer am 1. Werktag der Woche.) – Ein einmaliges Zeugnis römischer Bauten nördlich der Alpen stellt die sogenannte **Konstantinbasilika**, der Thronsaal von Konstantin I., dar. Der gewaltige Raum war mit einer Fußbodenheizung versehen und innen mit Marmor, Mosaiken und Statuen geschmückt. Das Innere wurde im 5. Jh. von den Franken zerstört. Den Trierer Bischöfen diente die Basilika als Verwaltungszentrum. Seit Mitte des 19. Jh. wird sie als erste und älteste evangelische Kirche in Trier genutzt.
Die Palastanlage Konstantins wurde abgerissen und auf ihren Grundmauern ab 330 n. Chr. die größte Kirche der Antike gebaut. Ihre Fläche war etwa viermal so groß wie die des heutigen **Doms**. Der heutige, viel kleinere Dom enthält noch einen römischen Kern mit Originalmauern. Ein anderer Teil der ehemals antiken Kirche wurde ab 1200 mit der frühgotischen **Liebfrauenkirche** bebaut, die jedoch nicht die Form der in den Grundmauern vorhandenen römischen dreischiffigen Basilika aufnahm, sondern als Rundbau mit kreuzförmigem Deckengewölbe gestaltet ist. Mit vier Portalen und acht gerundeten Altarnischen gleicht ihr Grundriss einer zwölfblättrigen Rose.
Der **Hauptmarkt** war im Mittelalter das politische Zentrum des bürgerlichen Trier. Die Bürger versuchten mehrmals vergeblich, sich der Bevormundung durch den Erzbischof zu entziehen. Der Platz ist ausgestattet mit den Insignien des Bürgertums: Neben dem Marktbrunnen von 1596 und dem Pranger erinnert die Replik des Marktkreuzes an das seit 958 bestehende Marktrecht. In die Mauer der Steipe ist die Kopie des offiziellen städtischen Ellenmaßes eingelassen. Die im Jahre 1483 eingeweihte spätgotische Steipe ist das Festhaus des Rates. Die Stadtkirche St. Gangolf überragt den Platz. – Auffäl-

lig ist an der Simeonstraße der frühgotische Wohnturm des Dreikönigenhauses von 1230 mit dem typischen höhergelegten Eingang. – Das **Kurfürstliche Palais** wurde von den Erzbischöfen an die Konstantinbasilika angebaut. Besonders eindrucksvoll sind der Südflügel aus dem Rokoko vom Palastgarten aus gesehen und das Treppenhaus. Das Gebäude beherbergt heute die Aufsichts- und Dienstleistungsdirektion, die Nachfolgerin der Bezirksregierung, und ist deshalb nur begrenzt zugänglich. – Erwähnenswert sind die am Moselufer stehenden historischen Kräne von 1413 und 1774.
Im Sommer bieten insbesondere Hauptmarkt und Simeonsstraße ein großes Angebot an Einkehrmöglichkeiten im Freien. Ein besonderes Ambiente, gehobene Küche und ausgezeichnete Weine findet man u. a. im Römischen Weinkeller und im Wein- und Biergarten Zum Domstein (Am Hauptmarkt 5, täglich geöffnet, durchgehend warme Küche, www.domstein.de, Tel. 0651/744 90). – Weinstube Kesselstadt (Liebfrauenstraße 10, täglich geöffnet, www.weinstube-kesselstadt.de, Tel. 0651/411 78). – Die Umgebung von Trier an Mittelmosel, Obermosel, Saar und Ruwer bietet ein nahezu unerschöpfliches Reservoir an Landschaftserleben, Weingenuss und gutem Essen.

■ Tourist-Information Trier, An der Porta Nigra, 54290 Trier, Tel. 0651/978 08-0, www.trier-info.de, info@trief-info.de.

Am Hauptmarkt von Trier.

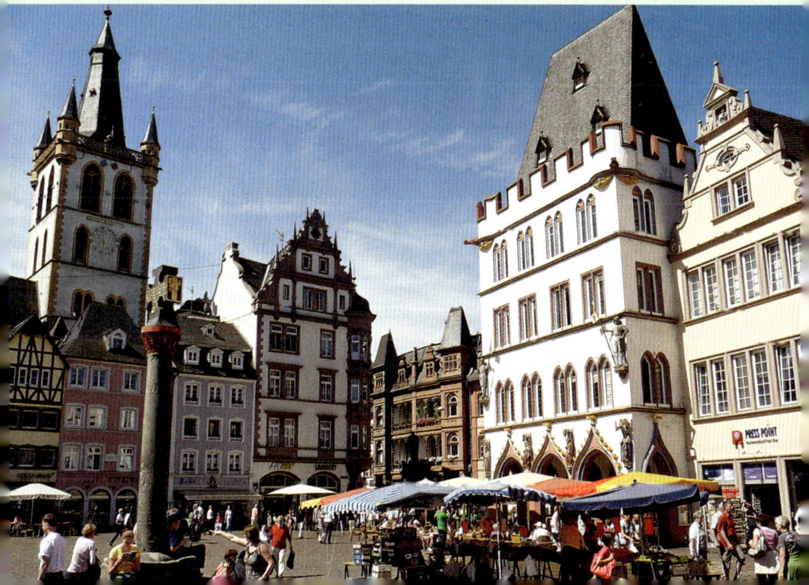

Stichwortverzeichnis

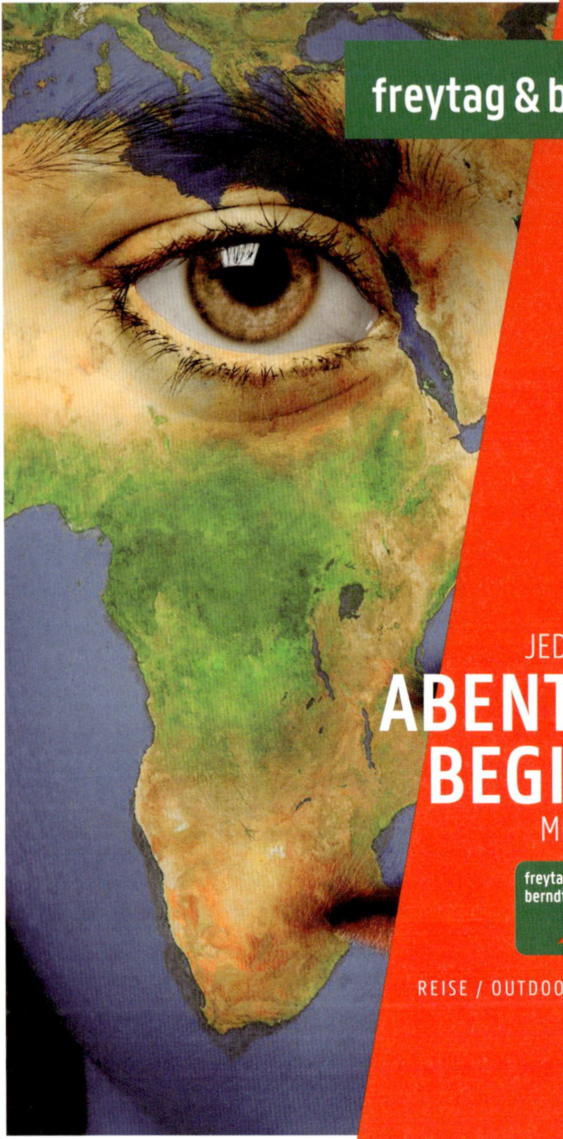

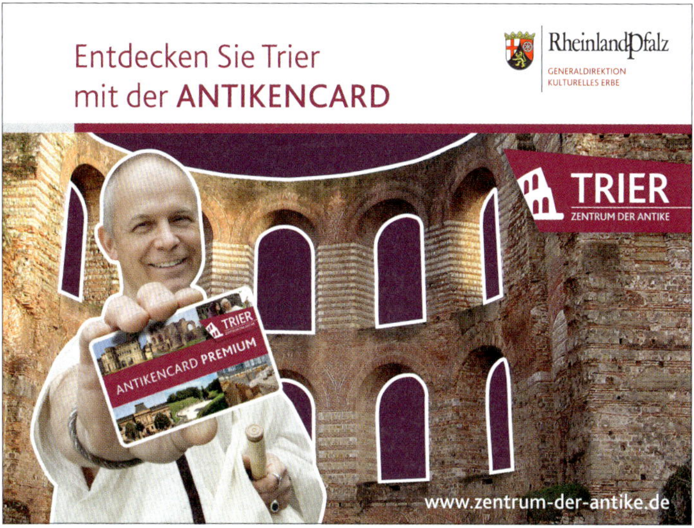

Entdecken Sie Trier
mit der ANTIKENCARD
RheinlandPfalz
GENERALDIREKTION
KULTURELLES ERBE
TRIER
ZENTRUM DER ANTIKE
ANTIKENCARD PREMIUM
www.zentrum-der-antike.de

Umschlagbild: Schalkenmehrener und Weinfelder Maar.

Bild im Innentitel: Genovevahöhle.

Bild S. 2: Blankenheim.

Alle 76 Fotos stammen vom Autor, ausgenommen das Titelbild und die Bilder auf den Seiten 23, 51 und 89 (alle Archiv Eifel Toursimus GmbH).

Kartografie:
16 Wanderkärtchen im Maßstab 1:75.000, zwei Stadtpläne im Maßstab 1:15.000 © Bergverlag Rother GmbH (gezeichnet von Barbara Häring und Martina Rieger, Gröbenzell); ein Stadtplan im Maßstab 1:15.000 und zwei Übersichtskarten im Maßstab 1:750.000 und 1:1.000.000 © Freytag & Berndt, Wien.

5., aktualisierte Auflage 2022

ISBN 978-3-7633-4065-1

FSC MIX
Papier aus verantwortungsvollen Quellen
FSC® C021956
www.fsc.org

Wir freuen uns über jeden Korrekturhinweis zu diesem Wanderführer!
Bitte per E-Mail an: leserzuschrift@rother.de

ROTHER BERGVERLAG · München
D-82041 Oberhaching · Keltenring 17 · Tel. +49 89 608669-0 · www.rother.de